Slavica **Bogdanov**

Le pouvoir de l'intention

Une énergie puissante pour réussir

jouvence
EDITIONS

Dans la même collection

Gym douce et yoga sur une chaise, Jacques Choque, 2014
Sortir de l'anxiété, Xavier Cornette de Saint Cyr & Mona Poisson, 2014
L'art d'avancer en âge, Claude-Suzanne Didierjean-Jouveau & Martine Lagagnier, 2014
Les trésors du cycle de la femme, Maïtie Trélaün, 2014
Masser bébé, Rachel Izsak, 2014
Les 21 clés d'une vie épanouissante, Cécile Kapfer, 2014
L'index glycémique, Marie-Laure André, 2014
Les Additifs alimentaires, Marie-Laure André, 2013
Loi de l'attraction : mode d' emploi, Slavica Bogdanov, 2013
Oser changer sa vie, Christine Marsan, 2013
Arrêter de tout contrôler, Odile Chabrillac, 2012
Osez vivre de votre passion !, Mary Laure Teyssedre, 2011

Catalogue gratuit sur simple demande

Éditions Jouvence
France : BP 90107 – 74161 Saint-Julien-en-Genevois Cedex
Suisse : CP 89 – 1226 Thônex (Genève)
Site internet : **www.editions-jouvence.com**
Mail : info@editions-jouvence.com

ISBN : 978-2-88911-525-9

Dessin de couverture : Jean Augagneur
Maquette d'intérieur et de couverture : Stéphanie Roze
Suivi éditorial et composition intérieure : Quarma Productions

Sommaire

+++ **Introduction** 9

1. Qu'est-ce que le pouvoir de l'intention ? 13

- Le pouvoir de l'intention et la loi de l'attraction 14
- L'emprise de l'ego 16
- Une façon d'attirer le meilleur à soi 19
- Les obstacles à éviter 22
- La question du libre arbitre
  et le pouvoir de l'intention 30
- Les différents visages de l'intention 33
- Se rapprocher de sa source 47

2. Comment manifester ses désirs ? 55

- Décider de vivre sans stress 56
- Savoir ce que l'on veut 59
- Être ce que l'on veut recevoir 62
- Le futur n'existe pas 69
- Vivre dans l'instant présent 71
- Se recueillir c'est se retrouver 72
- Développer votre intuition 74
- La puissance des émotions 76
- L'alignement des chakras 81
- L'art de dire merci 82

3. Le pouvoir de l'intention au quotidien 87
- N'avoir besoin de rien 88
- Développer des relations de couple plus épanouissantes 95
- Le bonheur tous les jours 101

+++ Conclusion 107

+++ Annexe 1
- Liste d'actions quotidiennes pour améliorer vos relations de couple 109

+++ Annexe 2
- Liste d'actions permettant de vivre des moments de bonheur au quotidien 113

+++ Annexe 3
- Des petits gestes pour augmenter l'amour de soi 115

+++ Annexe 4
- Quelques manières de vivre sans stress 117

+++ Bibliographie 119

+++ À propos de l'auteur 121

Pictogrammes

- À retenir
- ATTENTION
- Bon à savoir
- Conclusion
- Exercice
- Huile essentielle
- Le petit plus
- Le saviez-vous ?
- Pour aller plus loin
- Recette
- Témoignage
- Trucs et astuces
- Un peu d'histoire
- Zoom

Notre collection **Maxi-Pratiques** se veut claire, lisible, didactique et facile d'accès. Elle comporte des rubriques reconnaissables par des pictogrammes (ci-dessus); vous accédez ainsi à l'essence de nos livres rapidement (chaque livre ne contient pas forcément tous les pictogrammes présents). Bonne lecture et bien du plaisir!

Introduction

Le pouvoir de l'intention permet de vivre sa vie dans l'harmonie et le bonheur. Aussi surprenant que cela puisse paraître, des gens vivent sans stress ni préoccupations. Ils suivent le cours de leur vie en émettant certaines intentions positives et en se laissant guider par leurs émotions. Ils vivent une vie de rêve sans se forcer.

Il y a quelques années, je n'aurais jamais cru cela réalisable. Je pensais qu'il fallait se battre dans la vie pour réussir. J'étais certaine que rien ne pouvait venir à soi facilement. Je pensais que tout ce que je souhaitais se trouvait en amont de la rivière de la vie, et qu'il me fallait me démener pour réussir. Êtes-vous dans cette situation ?

Vous posez-vous la question suivante : comment certaines personnes font-elles pour réussir ce qu'elles entreprennent avec tant de facilité et de simplicité ?

Avez-vous remarqué ces personnes qui semblent toujours avoir de la chance et dont le visage s'illumine d'un sourire radieux à longueur de journées ?

Aimeriez-vous vivre une vie plus harmonieuse, avoir moins de souci ?

Désirez-vous développer la capacité de profiter du moment présent à chaque instant ?

Souhaitez-vous vivre dans un sentiment de réussite et de plénitude en sachant que vous vivez pleinement votre potentiel ?

Il est possible de vivre dans le bonheur, l'harmonie et la paix au quotidien. Mes nombreuses années de recherches et d'expérience m'ont permis de comprendre comment nous pouvons tous nous réaliser sans difficultés. En tant que coach, j'ai eu l'occasion de venir en aide à de nombreuses personnes, et j'ai pu les mener rapidement vers la compréhension et l'utilisation du pouvoir de l'intention.

L'intention ne représente pas seulement le désir ardent de réaliser un rêve ou d'atteindre un objectif. Elle représente d'abord et avant tout une énergie puissante qui nous permet de nous accomplir à travers elle. Elle peut être entendue comme étant une source d'énergie positive permettant la création et la concrétisation de nos rêves.

L'intention est une énergie positive qui émane de la source aussi dénommée Esprit universel. En suivant les quelques principes enseignés dans cet ouvrage, vous serez à même d'utiliser le pouvoir de l'intention pour vous réaliser et vivre en harmonie.

Le pouvoir de l'intention vous permet évidemment de vivre dans l'abondance et la prospérité si c'est ce que vous souhaitez. Il permet surtout de se sentir bien dans quelques circonstances que ce soit. Parce que vous vous sentez bien, vous influencez alors les événements, les conditions de votre vie. Vous évoluerez alors dans un bonheur grandissant.

Sachez que vous méritez le meilleur en tout. C'est le droit que vous avez acquis à votre naissance. Vous avez le droit de vivre comme vous le souhaitez tant que cela n'entrave pas les libertés ni le bonheur d'autrui. En utilisant le pouvoir de l'intention, vous vivrez dans une suite de synchronicités fortuites qui vous guideront vers le meilleur tout en profitant de l'instant présent.

La synchronicité survient lorsque vous vous alignez avec le flot de l'univers, et non lorsque vous vous attendez à ce que le flot de l'univers tourne dans votre sens.

J'ai constaté que lorsque l'on peut enfin avoir tout ce que l'on souhaite, on se rend compte que l'on n'a vraiment besoin de rien. Tout le meilleur se trouve en nous. La paix, le bonheur, le soulagement et la tranquillité sont des qualités que l'on peut développer sans dépendre de son environnement.

En vivant dans le soulagement et le bonheur, nous attirons le meilleur à nous sans efforts. Les difficultés disparaissent petit à petit. Les épreuves sont comprises comme des leçons de vie qui nous permettent de grandir et d'apprendre à devenir meilleur.

Il y a quelques années, je n'aurais jamais pensé que la vie pouvait être simple. Maintenant que je vis dans cette facilité, j'aimerais partager les connaissances qui m'ont permis d'accéder à cet état avec le plus grand nombre de personnes. J'espère que vous profiterez de mon expérience et que vous aussi réussirez à utiliser le pouvoir de l'intention pour créer votre vie idéale.

Dans ce livre, mon but est de vous offrir la compréhension nécessaire afin que vous puissiez utiliser l'intention et créer une vie meilleure. Je souhaite que vous soyez à même de manifester vos désirs plus facilement. Surtout, je veux que vous viviez dans l'harmonie, la paix et le bonheur au quotidien.

1. *Qu'est-ce que le pouvoir de l'intention ?*

Abondance,
prospérité
et bien-être

Le pouvoir de l'intention permet de vivre dans l'abondance et la prospérité. Mieux encore, il permet de se sentir bien au quotidien, en sachant que tous nos désirs se réaliseront en temps et en heure. En changeant certaines habitudes de pensée et d'action, vous pouvez complètement transformer votre existence.

Trucs et astuces

Pour en savoir plus sur la loi de l'attraction, procurez-vous les livres parus aux Éditions Jouvence, le *Petit Cahier d'exercices* ainsi que le *Maxi-Pratiques.*

Le pouvoir de l'intention et la loi de l'attraction

D'après mes recherches sur tout ce qui a trait à l'intention, je la classifie comme un échelon au-dessus de la loi de l'attraction. La loi de l'attraction explique que ce à quoi vous pensez le plus viendra à vous naturellement. Le pouvoir de l'intention vous permet d'utiliser l'intention pour vivre quotidiennement dans le bien-être. Le pouvoir de la manifestation instantanée est le niveau le plus élevé qui allie la loi de l'attraction et le pouvoir de l'intention.

L'intention peut se définir de deux manières différentes. Elle peut être considérée comme le désir ardent d'atteindre un but précis. L'intention insuffle la volonté de se rendre à destination, de se surpasser. Elle se traduit par l'envie de partager ses conquêtes et ses victoires.

L'autre façon de concevoir l'intention est plus spirituelle. Dans ce cas, elle se comprend comme la force universelle qui permet l'acte de création, qui rend possible la manifestation d'une réalité. En s'accordant avec elle, nous nous ouvrons à la possibilité de co-créer notre devenir dans l'harmonie. Nous pouvons alors vivre pleinement le déroulement de notre existence dans le bonheur et l'accomplissement de soi, à chaque instant.

L'intention puise sa force dans l'énergie universelle ou la source. Cette puissance vous permet de transformer vos rêves en réalité, sans efforts. De nombreuses personnes pensent que seule l'action permet de parvenir à son objectif ou d'obtenir ce que l'on désire. Ce n'est pas le cas.

L'intention est plus puissante que l'action.

L'intention est plus puissante que l'action. Il ne faut pas se perdre dans celle-ci. Il est plus important de comprendre l'intention soutenant chaque action. Si votre énergie est négative ou que vous n'êtes pas en accord avec votre intention, vous aurez beau agir jusqu'à épuisement, vous ne vous sentirez pas satisfait. Vous pourriez même obtenir l'effet inverse.

Si vous agissez contre votre intention, vous aurez l'impression de nager à contre-courant. Vous pagaierez à toute allure sans nécessairement avancer. De nombreuses personnes font du surplace. Elles travaillent

ATTENTION

Ne confondez pas votre perception de la réalité avec la réalité. Vous ne pouvez être conscient que d'une infime proportion de la réalité environnante. Les opportunités sont illimitées.

dur et fort sans toujours savoir pourquoi et ont souvent l'impression de tourner en rond, d'être coincées ou de ne pas avancer. L'action sans l'intention ne vous mènera jamais à destination.

L'emprise de l'ego

L'ego est votre « petit moi ». Il se fait connaître par cette petite voix qui vous souffle à l'oreille des mots négatifs. L'ego veut vous convaincre que vous vivez dans la séparation et que l'abondance n'existe pas. L'ego veut vous démontrer que vous devez ramer et travailler fort pour atteindre vos objectifs, que rien n'est assez suffisant et que, vous-même, n'êtes pas assez ceci ou cela (assez bon, assez intelligent, instruit ou mince...). L'ego tentera de vous dissuader de persévérer.

« Vous pouvez vivre en croyant
que rien n'est un miracle
ou que tout est un miracle. »
Albert Einstein

Afin d'augmenter votre taux vibratoire et de vous rapprocher de l'intention, il est nécessaire de faire taire l'ego. Différentes façons se présentent. Tout d'abord, ne vous laissez pas offusquer par le comportement d'autrui. En effet, chaque fois que vous laissez à l'autre le pouvoir de gouverner vos émotions, vous perdez de l'énergie.

Exercice

Lorsque vous êtes face à un comportement qui vous dérange, dites-vous que c'est le film de cette personne. Vivez votre vie et ne laissez à quiconque le droit de vous faire entrer comme acteur dans son histoire sans votre consentement.

Une autre façon de réduire l'emprise qu'a l'ego sur nous est de ne pas vouloir gagner à tout prix (dans les conversations, au travail, dans les sports). La compétition implique un perdant. Et cette conception de la réalité très occidentale nourrit l'ego. Il est beaucoup plus avantageux d'entretenir des rapports gagnants-gagnants. Évidemment, dans tout sport de compétition, la volonté de gagner motive l'effort. Il est naturel de vouloir remporter le trophée. Ce qui est néfaste pour votre niveau d'énergie est le besoin de gagner pour vous sentir bien ou victorieux. C'est ce besoin qu'il faut laisser partir.

Vous n'êtes pas meilleur ou pire qu'autrui. L'arrogance est un faux-semblant de supériorité nourrie par l'ego qui ne vous

Bon à savoir

Vous n'êtes pas l'addition de vos conquêtes, succès, trophées et accumulations d'objets. Vous êtes une âme dans un corps qui expérimente la vie. Vous êtes un être lumineux qui peut vivre en harmonie avec l'univers sans avoir le besoin de se rassurer ou de se valoriser par ses acquis.

sert à rien. Nous sommes tous égaux et parfaits. Nous sommes ici pour vivre certaines expériences. Dans ce chemin de vie, nous faisons tous des erreurs qui nous permettent d'apprendre et d'avancer.

La prochaine fois que vous vivez une dispute dans laquelle vous voulez absolument avoir le dernier mot, arrêtez-vous. Sortez prendre l'air. Regardez la beauté de l'univers. Laissez s'éloigner le besoin de gagner. Revenez en essayant de comprendre le point de vue de l'autre.

Votre « moi supérieur » est, lui, lié à l'intention. Il sait ce qui vous rendrait vraiment heureux. Il connaît les solutions à vos problèmes et sait qu'il n'y a pas de distance entre vous et les expériences que vous désirez vivre. Ce surmoi est lié à l'intention et vous indique le chemin le plus rapide et le plus aisé pour vous rendre là où vous le souhaitez.

L'ego veut la difficulté, pense en termes de pénurie et de manque. Vous le nourrissez avec la colère, la peur, l'insécurité, les plaintes et autres pensées, paroles et actions négatives. Au lieu d'être gentil, attentionné et rempli de compassion, l'ego va vouloir avoir raison à tout prix. Il pense en termes de compétition et de victoire au détriment des autres.

Le surmoi, lui, est cette voix quasi angélique qui vous console et vous inspire à persévérer. L'intention positive derrière la source, le surmoi ou la conscience collective vous donne le chemin le plus court et le plus facile pour vivre dans le bonheur et l'harmonie. Il est important de se laisser guider par votre surmoi.

L'ego va vouloir avoir raison à tout prix.

Vous pouvez souvent vous demander ce qu'un maître tel que Gandhi ou Bouddha ferait à votre place. Les géants du passé viendront alors vous souffler la meilleure voie à suivre.

Une façon d'attirer le meilleur à soi

Plus vous êtes près de l'intention et plus vous vivez en harmonie avec l'univers qui vous entoure. En utilisant le pouvoir de l'intention, vous allez manifester le meilleur dans votre vie. Il ne s'agira peut-être

Exercice

À chaque fois que vous avez à prendre une décision importante, posez-vous les questions suivantes : «Cela est-il bénéfique pour la majorité impliquée ? » et « Quelle est l'intention qui soutient cette action ou bien, qu'est-ce que je souhaite réellement susciter comme réaction par cette action ? »

pas de ce que vous pensez être le meilleur à court terme. Peut-être que vous n'obtiendrez pas tout ce que vous souhaitez car certains de vos souhaits pourraient entraîner la perte de bénéfices beaucoup plus importants sur le long terme.

Vivre en pratiquant le pouvoir de l'intention, c'est vivre en accord avec les principes de bases d'une vie spirituelle et émotionnelle équilibrée qui tend vers de grandes qualités humaines. Pour simplifier, vous pouvez vivre en insérant une bonne intention derrière chaque action. De cette façon, vos résultats seront toujours beaucoup plus gratifiants.

Afin d'attirer à vous le meilleur, attendez-vous au meilleur. La plupart des gens s'attendent au pire et semblent satisfaits lorsqu'ils reçoivent ce qu'ils avaient prévu : « Je te l'avais bien dit que ça finirait mal. » Changez d'intention et décidez de vivre chaque jour dans l'attente du meilleur. « Je te l'avais bien dit que tout marcherait pour le mieux » deviendra rapidement votre discours.

Trucs et astuces

Vous pouvez découper des images qui représentent la vie de rêve que vous souhaitez. Collez-les sur un carton et accrochez-le sur un mur que votre regard croise fréquemment. Vous pouvez aussi placer les images dans un cahier et le parcourir chaque soir avant d'aller vous coucher.

Commencez chaque jour avec cette décision volontaire et consciente. Il y a autant de chances que le pire ou le meilleur se produise dans une journée. Le seul vrai poids dans la balance est votre intention et votre volonté.

Visualisez ce que vous désirez. Chaque fois que l'occasion se présente, fermez les yeux et imaginez la vie de rêve que vous souhaitez. Ressentez le bonheur de vivre sans souci et dans le soulagement à longueur de journée.

L'imagination est plus forte que la raison. Vous ne vivrez jamais la vie que vous désirez si vous ne pouvez pas vous la représenter. La visualisation est un outil remarquable pour attirer à vous ce que vous désirez. En visualisant, vous activez votre pouvoir d'intention.

Si vous pensez être limité dans votre capacité à imaginer, vous pouvez la développer en écrivant le scénario qui vous convient le mieux. Lisez-le quotidiennement en ressentant la joie de le voir se réaliser.

ATTENTION

Il ne faut jamais visualiser avec un sentiment négatif tels le manque, le stress ou la peur, car cela risquerait de produire l'effet contraire.

Plus vous utilisez le sens de la visualisation plus vous réaliserez rapidement ce rêve. Développez l'aptitude à imaginer votre vie souhaitée avec le plus de sens possible tels que l'odorat, le toucher, le goût et l'ouïe.

Les obstacles à éviter

« Vous observez les choses
telles qu'elles sont
et vous vous demandez "pourquoi ?"
Je rêve aux choses
qui n'ont jamais encore été
et demande "pourquoi pas ?" »
George Robert Shaw

Si l'intention est omniprésente à la source de toute action et permet de réaliser ses rêves, alors pourquoi tant de gens trouvent-ils cela si difficile à faire ? Si l'intention est à la base d'une vie simple et harmonieuse dans le bonheur, pourquoi tant de gens vivent-ils dans la difficulté, le manque et l'insatisfaction ? De nombreuses personnes luttent et se battent dans la vie car elles ont développé des obstacles les empêchant de se connecter à l'intention.

Le premier obstacle à éviter est de se baser sur la réalité ambiante pour déterminer son futur. La plupart des gens font cette erreur et se privent de rêver, car ils ne pensent pas réalisable autre chose que ce qu'ils expérimentent au quotidien. Or, il n'en est rien.

La réalité que vous vivez est basée sur vos pensées passées. Si vous souhaitez changer le futur, vous devez changer votre façon de penser. Si vous vous basez sur votre présent pour imaginer ce que vous ferez dans l'avenir, vous créez un obstacle au pouvoir de l'intention.

Exercice

Prenez une situation actuelle de votre vie qui vous déplaît. Au lieu de vous en plaindre et de penser qu'elle ne changera pas, imaginez ce que vous souhaiteriez vraiment vivre à la place. Écrivez le rêve que vous aimeriez voir se réaliser.

En effet, l'intention est infinie et illimitée. Tout est possible dans l'immensité de l'univers. Un de vos vœux ne représente pas grand-chose dans l'immensité du cosmos. Ne vous limitez pas par de fausses croyances. Osez rêver et voir plus grand.

Le plus important est d'avoir en tête l'objectif clair et précis que vous souhaitez atteindre. Ne vous basez pas sur ce que vous voyez au quotidien pour fixer ce but. Commencez par exprimer ce qui vous fait

Exercice

Prenez un marron dans le creux de votre main et observez-le. Vous savez très bien, d'ors et déjà qu'il a le potentiel de devenir un marronnier. Pourtant, ce n'est qu'un marron. Utilisez cette métaphore pour garder en tête votre potentiel. Même si vous ne savez pas comment vous allez vous y prendre, ce potentiel existe en vous.

vraiment plaisir et que vous voulez réaliser. Le chemin se formera au fur et à mesure que vous avancerez.

La plupart du temps, on observe la réalité quotidienne pour se tracer un avenir.Cette façon de faire peut se comparer, par exemple, à considérer les embouteillages afin de choisir sa destination. Vous diriez alors : « Je ne sais pas si je vais à Paris ou à Lyon, mais avec la circulation ambiante, ce sera probablement Nice. » Évidemment, cela semble ridicule.

En conduite automobile, vous choisirez d'abord la destination générale, le lieu, l'adresse précise de destination et, ensuite, vous trouverez les routes dégagées pour vous y rendre. Vous ne songerez pas à la circulation autour de Paris si vous êtes encore à Lyon. Chaque chose en son temps.

De nombreuses personnes s'inquiètent du déroulement du « comment ». Elles ne se permettent pas de rêver car elles se préoccupent dès le début de l'étape 237 de leur cheminement. On pourrait comparer cela à un père qui se demanderait comment il va marier sa fille alors que sa femme n'est pas encore enceinte.

Imaginez que vous roulez de nuit en direction de Lyon. Dans le noir, vous ne verrez que les quelques mètres éclairés par vos phares. Et pourtant, vous savez que votre destination est Lyon. Vous ne vous dites pas : « Comme je ne vois pas la route devant moi, je vais faire demi-tour et revenir à la maison. » Vous continuez en ayant foi que la route sera éclairée au fur et à mesure que vous avancerez. Il en est de même dans la vie. On ne peut pas toujours voir toutes les étapes.

À retenir

Le plus important est de garder en tête les raisons qui nous poussent à agir. Le « comment » sera toujours propulsé par le « pourquoi ». Personne ne se jetterait spontanément dans un immeuble en flammes. Cependant, si un enfant s'y trouve en danger, il y aura toujours quelqu'un pour s'y lancer. Si votre motivation est forte, vous trouverez toujours la manière de vous rendre à destination.

Sachez que l'imagination est un outil puissant de l'intention car elle est liée à cet aspect de l'intention appelé « créativité ». L'imagination va vous servir à sortir des sentiers battus et à vous créer une nouvelle route. Il n'est jamais trop tard pour se créer une vie de rêve. Le passé et le présent ne sont pas les garants du futur.

Pensez à tous ces grands inventeurs. Nous n'aurions jamais collectivement bénéficié des progrès de la science ou de l'ingénierie si ce n'était grâce à l'imagination sans limites de ces hommes. Les frères Wright, Graham Bell, Thomas Edison ou Marconi se sont créé des mondes surréalistes dans lesquels leurs inventions prenaient une forme réelle. Ils ne pouvaient pas se baser sur la réalité qui les entourait pour produire une nouvelle réalité.

Vous ne réinventez pas la roue, vous ne créez pas de fusée ou une nouvelle forme d'ampoule électrique. Tout ce que vous souhaitez est vivre une vie meilleure, avec plus d'abondance et de prospérité. Vous souhaitez vivre dans l'harmonie et le bonheur au quotidien. Bien que ce style de vie puisse sembler surréaliste pour un bon nombre d'entre vous, rappelez-vous qu'il est bien plus accessible que vous ne le pensez. D'autres vivent déjà cette réalité. Par conséquent, vous le pouvez aussi.

Bon à savoir

Le cerveau ne voit pas de différence entre ce qui est imaginé et ce qui est vu dans la réalité. Si vous avez une imagination développée, vous aurez tendance à diriger votre vie dans le sens imaginé.

Remplacez toutes les phrases qui tournent autour de « ça a toujours été comme ça » par « je décide que, dès à présent, ça ira mieux ».

Le deuxième obstacle à l'intention est lié aux « qu'en dira-t-on ». De nombreuses personnes ont peur de l'image qu'elles renvoient aux autres, voulant plaire à tout prix et parfois à l'encontre de leur propre bien-être.

Il est important de garder en tête que vous resterez avec vous-même bien plus longtemps qu'avec qui que ce soit d'autre. Vous ne pouvez pas vivre votre vie pour faire plaisir à autrui. Les parents et amis désirent vous voir réussir selon ce qu'ils pensent être le meilleur pour vous. Cependant, leur vision est basée sur leurs croyances, leurs expériences et leurs limites.

Vous ne pouvez faire plaisir qu'à vous-même. À chacun son bonheur. Vous ne pourrez jamais rendre d'autres personnes heureuses. Le bonheur est intérieur et ne peut être provoqué par les autres. Ce que vous avez de mieux à faire, c'est de vivre

Exercice

Imaginez un rêve que vous aimeriez réaliser et pensez à tous ceux qui voudraient vous en empêcher. Décidez désormais consciemment de vivre la vie dans laquelle vous ressentez le plus de bonheur sans dépendre de l'avis des autres. Si vous tenez bon, les autres finiront par changer d'avis.

la vie dont vous rêvez. En rayonnant de bonheur intérieur, vous embellirez par votre présence la vie des gens qui vous entourent.

Ne partagez plus vos rêves. Gardez-les pour vous et réalisez-les. Une fois concrétisés, vous pourrez les exhiber avec succès. Si certaines personnes ressentent de l'envie ou de la jalousie, cela révélera uniquement leurs propres limites. Ne le prenez pas personnellement.

Le troisième obstacle au pouvoir de l'intention est provoqué lorsque vous vous mettez à réfléchir à tout ce qui manque dans votre vie. L'intention se nourrit de vos pensées. Si vous vous plaignez sans cesse du manque, vous ne permettez pas à l'intention de vous offrir la plénitude.

Il est important de vibrer dans une énergie positive pour provoquer des circonstances de vie positives. Si vous ne pensez qu'à ce qui vous manque, vous attirerez plus de manque encore car vous vibrerez dans l'énergie négative de la plainte. À l'opposé, la gratitude est l'énergie qui provoque la création du meilleur dans la vie.

Le dernier obstacle est présent dès que vous laissez les doutes et craintes s'emparer de vous. Le manque de confiance dans l'univers est également une intention en soi. Si vous n'avez pas foi que tout ira pour le mieux, vous attirerez des raisons de douter.

Exercice

Écrivez tout ce dont vous manquez et modifiez par des phrases de gratitude. Par exemple, remplacez : « Je n'ai pas assez d'argent » par « Je suis heureux d'attirer une fortune infinie. »

L'inquiétude attire toujours les raisons de s'inquiéter et non l'inverse. Si vous pensez que les événements vont mal tourner, utilisez votre attention et votre imagination. C'est ce que vous pouvez attirer dans votre réalité future.

Bannissez les doutes, les craintes et les inquiétudes. Apprenez à vous concentrer seulement sur le but que vous souhaitez atteindre, le rêve que vous voulez réaliser ou l'intention de vivre dans la paix et l'harmonie.

Afin de vous rendre là où vous n'êtes pas encore, vous devez avoir entièrement confiance dans le fait que les éléments

Exercice

Lorsque vous ressentez des craintes et des peurs, murmurez l'intention de vivre dans la paix et l'harmonie. Répétez à voix basse que votre intention est de vous lier à la lumière et de prospérer dans la santé, la joie et l'amour. À force de pratique, vous réduirez la fréquence et l'intensité de vos angoisses.

vous permettant de vous rendre à destination se manifesteront durant votre cheminement. Le plus important est de conserver une image claire et précise de votre destination.

Utilisez l'image de la voiture qui roule la nuit et dont les phares n'éclairent que les deux cents premiers mètres. Vous demeurez sûr de votre destination malgré l'obscurité environnante. Vous persévérez sur cette route en ayant foi qu'elle vous mènera là où vous souhaitez vous rendre.

À quoi bon faire tout ce chemin ?

La question du libre arbitre et le pouvoir de l'intention

Un paradoxe semble exister entre l'intention et le libre arbitre. Si nous devons lâcher prise et aller dans le sens du courant mené par l'intention, n'est-ce pas la même chose que de déclarer que nous n'avons pas de liberté propre, que nos destinées sont déjà tracées ? À quoi bon, alors, faire tout ce chemin ?

Nous sommes tous venus ici pour apprendre certaines leçons de vie. Nous avons aussi tous une voix profonde qui nous rendra heureux. La plupart des gens se sont éloignés de cette direction du bonheur et travaillent beaucoup à la retrouver. Or, ce bonheur existe et se réveille dès que nous sommes connectés à la source, dès que nous suivons notre intention.

Où se trouve alors ce libre arbitre ? Nous avons tous le choix de la voie que nous souhaitons emprunter. Beaucoup de gens luttent toute leur vie car ils décident de ne pas suivre la voie de leur cœur ni faire ce qui les rend heureux. Ils préfèrent, par exemple, suivre leur raison ou leur ego, prendre des chemins tortueux et difficiles.

Le libre choix est là. Si vous vous laissez porter par le cours de la vie sans le

À retenir

Le but de la vie est très simple. Votre raison principale d'exister sur cette terre est d'expérimenter le bonheur. Le libre arbitre se trouve dans votre choix de vivre cette expérience ou de lutter contre elle.

combattre, vous vivrez dans le bonheur quotidien en vous berçant du sentiment de bien-être de vivre votre plein potentiel. Vous baignez dans la joie de vivre en harmonie avec votre intention, votre raison d'être.

Votre liberté consiste à utiliser votre imagination et concentration pour diriger votre attention dans le sens où vous voulez orienter votre vie. Cette direction doit concorder avec un sentiment de bien-être. L'intention vous aidera à réaliser ces rêves.

Lorsque vous êtes connecté à la source et que vous vivez dans l'intention, vous expérimentez la vie par suite de synchronicités et coïncidences. Celles-ci sont formées par votre connexion à la source. Lorsque vous suivez le courant, le flot universel, les événements surviennent naturellement les uns après des autres.

Prenez l'habitude de noter dans un cahier toutes coïncidences fortuites, synchronicités ou miracles. Plus vous porterez votre attention sur ce qui rend votre vie magique et plus de telles circonstances se multiplieront.

Les différents visages de l'intention

Vivre dans l'intention, c'est vivre pleinement en sachant que tous vos désirs seront pris en charge et que vous n'avez pas besoin de vous inquiéter du lendemain. Vous pouvez développer ce sentiment de bien-être inconditionnel en vous imprégnant de chacun des visages de l'intention. Vous aurez ainsi le sentiment d'être un chevalier en armure blanche qui vit sa vie au maximum, car vous serez en communion avec les valeurs, émotions et énergies les plus fortes. En vibrant à cette fréquence élevée, vos désirs se manifesteront facilement dans la réalité, sans que vous y songiez.

Bon à savoir

Utilisez toujours le point de soulagement comme point de repère pour savoir si vous conduisez votre vie dans le sens du courant, avec l'intention. Demandez-vous régulièrement, quelle pensée ou action vous apporte le plus de soulagement. Le soulagement précède toujours le bonheur et, par conséquent, la réussite.

La bonté

« La bonté offerte, reçue et observée
apporte des bénéfices
sur la santé physique et émotionnelle
de tous ceux impliqués et témoins. »
Dr Wayne Dyer

Une des plus importantes qualités pour se rapprocher de l'intention est le fait d'être positif. Sans cela, les miracles et circonstances positives ne vous apparaîtront pas aussi facilement. Il est par conséquent plus facile de se connecter à l'intention lorsque vous avez une attitude positive et optimiste.

Bannissez à tout jamais les mauvais mots ainsi que les pensées de manque, de haine, d'égoïsme, de rancune, de commérage, paranoïa et autres. Développez une attitude positive et ainsi vous augmenterez votre niveau d'énergie. Vous aurez également la chance d'ajouter quelques années à votre vie.

Pour démarrer dans cette voie, écrivez des affirmations positives sur votre vie et sur ce que vous voulez dans la vie. Collez des étiquettes sur le miroir de la salle de bains afin de vous rappeler que chaque jour mérite son bonheur (et non pas, à chaque jour suffit sa peine). Répétez-vous que tout ira bien, et tout ira bien. Observez les qualités des gens qui vous entourent. Cessez de vous plaindre et réglez toujours ce qui vous ennuie le plus en premier.

Développez la bonté gratuite, celle par laquelle vous offrez de l'amour sans rien attendre en retour. Lorsque je me promène sur la plage, je ramasse les détritus que je trouve. Habituez-vous à embellir votre environnement de votre présence.

La créativité

Tout ce que nous vivons et ce que nous voyons a été créé par l'intention. Dès que nous regardons autour de nous, nous constatons le visage de la créativité.

Exercice

Passez en revue ce que vous dites et ce que vous faites. Il est plus important de moins en faire, mais de le faire mieux.

Cette créativité nous offre également les moyens de venir à bout de tout ce qui nous tourmente. Ne pas croire qu'il y a une solution à son problème équivaut à rejeter l'intention dans son ensemble. Par conséquent, vous développerez moins votre propre créativité.

Ce qui fait que certaines personnes réussissent plus que d'autres est souvent rattaché à leur capacité d'adaptation. Les épreuves sont alors perçues comme des moyens de grandir, de se surpasser et d'apprendre.

Exercice

Regardez attentivement autour de vous. Chaque chose que vous voyez a été créée : les meubles, les vêtements, l'ampoule, votre corps... Plus vous prendrez conscience du visage de la créativité et plus vous deviendrez créatif.

Sachez que tout problème vécu a probablement déjà été résolu par quelqu'un d'autre. L'ego veut nous faire croire que nous sommes seul avec notre problème, mais il n'en est rien. À moins que vous n'essayiez de mettre au point une nouvelle invention, rappelez-vous que d'autres sont parvenus à trouver des réponses à vos questions. Puisez dans la créativité d'autrui.

L'abondance

Grâce au visage de l'abondance, vous utiliserez le pouvoir de l'intention pour vous l'attirer dans la vie.

Fermez les yeux et imaginez-vous au bord d'un océan. Mettez vos mains en cercle très fermé autour de vos yeux pour qu'ils ne puissent voir que ce qui se passe à vos pieds. Vous voyez les vagues aller et venir. Comme vous ne voyez que ça, votre univers se limite à ce flot. La marée descendante donne l'impression que les vagues se raréfient. Puis, vous avez l'impression que plus rien ne vient à vous. C'est le sentiment que développent de nombreuses personnes en concevant l'univers en termes de manque.

Maintenant, retirez vos mains. Regardez autour de vous l'immensité infinie de l'océan. Les vagues à perte de vue déferlent sur tous les rivages. Voici le visage de l'abondance. Habituez-vous à regarder l'immensité de l'univers. Croire que l'abondance s'arrêterait juste pour vous, dans votre minuscule univers, est inconcevable et ridicule. L'abondance est là pour tout le monde, tout le temps.

La générosité vous enrichit

Avez-vous remarqué comme le simple fait de donner et d'être généreux contribue à notre sentiment de bien-être ? Je me suis aperçue à l'approche des fêtes de Noël que le niveau d'énergie positive et d'amour était beaucoup plus fort. Les gens sont plus sympathiques et sourient davantage. Tout le monde semble plus courtois, plus aimable. Nous redevenons peut-être alors des enfants innocents, émerveillés par toutes les lumières et décorations, déclarant une trêve aux hostilités adultes. Par -dessus tout,

Exercice

Offrez au moins un compliment par jour, que ce soit à la serveuse du restaurant ou à un passant. Faites de votre mieux pour faire sourire les autres. Vous observerez de la magie dans votre vie.

je pense que nous nous retrouvons autour de l'Esprit de la Générosité. C'est un puissant stimulant des énergies positives. Ne vous sentez-vous pas mieux lorsque vous offrez que lorsque vous recevez ?

Il m'est arrivé de croiser des gens à qui il manquait quelques euros pour régler leurs courses. Je leur ai offert ce qu'ils ne pouvaient se payer. Un simple geste peut rendre un grand service.

Donnez généreusement, mais pas seulement matériellement. Il n'y a pas que les dons aux organismes de charité. Offrez un peu de votre temps, votre épaule en réconfort, prêtez toute votre attention quand vous écoutez quelqu'un, partagez un conseil ou une idée, envoyez une bénédiction ou de l'amour, remerciez, faites rire ou sourire, donnez du bonheur et de la joie...

L'hospitalité est une autre forme de générosité. Recevoir des amis et les traiter comme des rois. Recevoir des rois et les traiter en amis. Lorsque vous êtes invité, essayez de ne pas arriver les mains vides ; donnez, en échange d'avoir été reçu.

De plus, ne refusez jamais un don, car c'est une offense ultime à l'univers. Des milliers d'événements ont été orchestrés pour que ce présent vous parvienne. Alors, acceptez toujours ce que l'on vous offre et exprimez de la gratitude sincère pour ce cadeau.

ATTENTION

Les problèmes ont également été créés à la suite de nombreuses synchronicités. Ne les rejetez pas. Parfois, ils peuvent être un vrai don du ciel déguisé. Comprenez la leçon qu'ils renferment et remerciez-les.

Habituez-vous à donner dans la joie. Apprenez à distribuer vos idées et vos visions. Lorsque vous vous sentez heureux, partagez votre joie. Appelez vos amis, juste pour leur dire que vous les aimez et que vous souhaitez leur transmettre de l'énergie positive. Le bonheur est non seulement contagieux, mais il grandit de manière exponentielle quand il est offert inconditionnellement. Ayez confiance dans l'abondance et dans la richesse inépuisable de l'univers. Soyez généreux avec votre argent, offrez avec allégresse et bonheur au moins 10 % de votre revenu net à une œuvre de charité. Vous en attirerez automatiquement plus. Commencez dès à présent.

Notre logique a été entraînée à penser de manière mathématique. Dès lors, nous avons pris l'habitude de considérer

Rendez service aux autres.

que chaque don impliquait que l'on nous retirait quelque chose. Vous rappelez-vous vos cours d'arithmétiques ? Jean possède cinq pommes, il en donne deux à Marie, combien lui en reste-t-il ? La question est peut-être mal posée. La réponse pourrait bien être deux cent trois. Pourquoi ? Parce que ce que vous offrez vous revient au moins au centuple. C'est une loi de l'univers qui n'a rien à voir avec les mathématiques ou la logique. C'est une loi spirituelle qui aurait dû nous être enseignée à l'école en même temps que les mathématiques. L'univers est un tout en mouvement. Lorsque vous offrez, vous recevez automatiquement quelque chose de similaire en retour ; que ce soit une insulte ou un baiser. À vous de choisir ce que vous souhaitez voir apparaître dans votre vie. Dans tous les cas, le don positif vous alignera rapidement avec l'intention.

Le don de soi

Un des subordonnés de la générosité est le don de soi. Nous pouvons le comprendre de différentes façons. Par exemple, dans votre travail, essayez de rendre service au plus grand nombre d'individus. Dans la vie de tous les jours, vous pouvez offrir quelques heures par mois afin de venir en aide à un organisme de bienfaisance. Rendez service aux autres et la pareille vous sera rendue.

Le service est aussi relié à la protection. Soyez l'ange gardien de quelqu'un ; un grand frère ou une grande sœur. Offrez un soutien constant à une personne de votre entourage et venez-lui en aide quand elle en a besoin. Offrez réconfort et encouragement. Mettez-leur du baume au coeœur. Lorsque vous entendez parler d'un accident ou d'une maladie, priez pour la personne et envoyez-lui des ondes de guérison. Faites-le, vous verrez, ça vous fera pousser des ailes et vous aurez l'impression d'être un surhomme ou une super femme.

La beauté

Évidemment, la beauté est une qualité divine. Arrêtez-vous pour contempler la nature, respirez le parfum des fleurs. Lorsque vous prenez le temps et donc conscience de la beauté de votre environnement quotidien, vous ne pouvez que vous réjouir. À chaque nouvelle rencontre, recherchez les bons côtés ou les qualités de la personne, physiquement ou intérieurement. Certains d'entre nous, ont développé la mauvaise habitude de ne discerner que les défauts, chez eux-mêmes ou chez les autres. En changeant d'attitude et de perception, on se sent envahi par l'amour et le bonheur. Développez cette capacité, recherchez-la et admirez le chef-d'œuvre que Dieu n'a créé que pour vous.

La beauté peut se retrouver partout. Il suffit d'être large d'esprit. J'ai travaillé pendant de nombreuses années dans le marketing, la publicité et les sondages. Des millions, ou plutôt des milliards sont dépensés chaque année pour que notre monde soit plus « beau ». Les fabricants de produits de consommation, les producteurs de céréales, shampoings, vins, les prestataires de services vacances, les créateurs de vêtements, parfums, et j'en passe, dépensent une fortune pour que nous appréciions d'abord l'emballage. C'est bête à dire et fort matérialiste, mais nous pouvons aussi considérer cette forme d'art et de beauté, surtout ceux qui passent des heures devant la télévision. Du moins, cela nous aiderait-il à comprendre les raisons pour lesquelles nous sommes attiré davantage par une forme que par une autre.

Plus culturelle, nous pouvons apprécier la beauté dans un livre ou lors de la visite d'une galerie d'art. Mais aussi sur les visages qui nous entourent, que ce soit celui d'un enfant ou d'une personne âgée. Et, quand nous l'observons, il est important de la complimenter. Je vois autant de beauté dans les courbes d'une Ferrari que dans le design souvent complexe et qui nécessite probablement autant d'ingénieurs que pour la conception d'une voiture de luxe, du petit jouet dans le chocolat Kinder. Je remarque la beauté partout et je partage mon émerveillement avec quiconque se trouve en ma présence. L'appareil photo peut devenir un témoin ou un capteur de beauté.

Rester témoin de la beauté.

L'expansion

« Tout ce qui ne grandit pas meurt. »
Anthony Robbins

En observant la nature, vous voyez facilement le visage de l'expansion. En effet, tout y est toujours en expansion. Observez les étoiles et pensez à l'immensité de cet univers. Réfléchissez également à l'univers qui vous habite, toujours en mouvement. Chaque molécule représente un mini-univers qui se transforme au fil du temps.

Lorsque vous prenez le temps de percevoir l'expansion autour de vous, il vous est beaucoup plus difficile de penser en termes de manque et de pénurie. Tout semble parfait dans la Nature. Tout tend vers l'Infini. Les arbres étendent leurs branches. Les océans s'étendent à l'infini dans des cours d'eau qui circulent à travers la planète.

Exercice

Imaginez être un arbre qui étend ses branches vers le ciel prêt à accueillir le soleil et tout le bien que lui offre l'univers. Concentrez-vous également sur vos pieds. Imaginez des racines qui s'étireraient indéfiniment dans le sol pour se nourrir des bienfaits de la terre. Rappelez-vous que vous faites partie intégrante de cet univers. Par conséquent, vous avez le droit d'être réceptif à toute l'abondance qui s'offre en expansion devant vous.

L'intention se nourrit de cette expansion en vous offrant chaque jour davantage de joie, de créativité, d'amour, d'inspiration. Vous êtes-vous déjà rendu compte que plus vous offrez et plus vous recevez ?

En effet, vous ne perdez pas d'amour en l'offrant ; au contraire, votre générosité vous procure encore plus de bien-être et de bonheur.

« Le bonheur est la seule chose
qui se double si on le partage. »
Albert Schweitzer

Lorsque vous vibrez dans des énergies positives en agissant en accord avec l'intention, vous comprenez que vous êtes sans cesse en expansion. En effet, vous ne manquez jamais du bien que vous pouvez offrir. De même, l'univers ne manque jamais de bien-être à vous offrir. Il suffit d'ouvrir les bras et d'apprendre à recevoir.

Pour aller plus loin

Chaque matin, au réveil, dès votre lever, tenez-vous droit, les jambes écartées et les bras ouverts. Présentez-vous ainsi à l'univers et émettez l'intention de vous ouvrir à toute l'abondance qui existe autour de vous. Vous pouvez même dire à haute voix : « J'accepte dès à présent toutes les meilleures choses dans ma vie. » Vous vous sentirez grandir intérieurement.

L'amour

« La signification spirituelle de l'Amour
se mesure par ce qu'il peut accomplir.

L'Amour sert à soigner.
L'Amour sert à se renouveler.
L'Amour sert à nous rapprocher de Dieu. »
Deepak Chopra

Sans amour, le monde ne pourrait pas exister.

L'amour est l'élément le plus important de la vie, du succès, du bonheur et de la liberté. Sans amour, le monde ne pourrait exister. C'est grâce à cet amour que nous sommes ici. Il nous donne une force immense et de l'énergie en abondance. Lorsque vous sentez l'amour grandir en vous, vous vous imaginez invincible et vous l'êtes. L'amour est plus fort que tout. Entre autres, la haine, la peur, la colère, le ressentiment, disparaissent devant lui. L'accroissement du sentiment d'amour conduit inévitablement à un épanouissement intérieur et à plus de bonheur.

Développez l'amour en vous et nourrissez-le. Commencez par vous aimer davantage. Prenez du temps pour vous. Faites-vous plaisir. Puis donnez de l'amour aux gens qui vous entourent. Remplacez la colère par l'amour. Lorsque vous avez l'impression qu'une dispute est imminente, commencez par dire « je t'aime ». Toute l'énergie de la conversation en sera transformée. Dites-le et pensez-le. Avant de vous emporter, analysez l'importance de la situation ; votre colère est-elle vraiment justifiée ? Vous vous apercevrez qu'elle ne l'est jamais.

Envoyez une bénédiction en pensée aux gens autour de vous. Ayez de la compassion. Plus vous donnez de l'amour, plus vous en recevrez.

Se rapprocher de sa source

Nous sommes constitués de microcellules qui vibrent à chaque instant. Nous sommes un amalgame de petites boules d'énergie. Tout ce que nous faisons, disons, pensons est de l'énergie transformée. Par des pensées dirigées, nous pouvons changer le cours des événements car nous envoyons une onde énergétique différente.

Castaneda explique dans ses différents ouvrages que la notion de sorcier est intimement liée à la notion de source. Même si le terme de sorcier peut présenter aujourd'hui une connotation péjorative, la signification première entend simplement que cette personne était proche de la source.

Qu'est-ce que la source ? Pour mieux comprendre, je la nommerai, comme le fait Esther Hicks, le vortex. La source peut être comparée à une spirale positive d'attraction. Vous pouvez aussi la voir comme l'énergie la plus pure qui soit ou comme une lumière blanche.

Augmentez votre énergie spirituelle avec la méditation.

Lorsque vous vous en rapprochez, vos désirs se matérialisent plus rapidement. Certains rares illuminés y vivent constamment. Ils ont acquis l'illumination et possèdent le savoir universel. Certains, tel Abraham, canalisés par Esther Hicks, affirment que Jésus aurait été dans cette source et que c'est pour cette raison qu'il pouvait guérir et faire des miracles. Dans cette source, la maladie s'efface. Il n'y a plus de séparation entre vos désirs et leur réalisation. Tout est unifié.

Lorsque votre énergie est positive, vous vibrez à une fréquence plus élevée. Plus c'est le cas et plus vous vous rapprochez de ce vortex. En conséquence, vous attirerez plus de bien dans votre vie.

Pour vous rapprocher de cette source, vous pouvez vivre en adoptant les sept visages de l'intention. Vous pouvez aussi élever votre niveau d'énergie.

Nous avons tous trois niveaux d'état d'être : physique, mental et spirituel. Plus vous augmenterez votre énergie dans chacun de ces états, plus vous vous rapprocherez de cette source et plus vous vivrez en paix, en harmonie, en bonne santé, dans l'attente béate de la découverte du meilleur à venir dans votre vie.

Afin d'élever son état énergétique physique, il est important de veiller à son alimentation, de dormir à des heures régulières, de faire du sport, de s'hydrater... Il faut diminuer l'absorption des produits qui réduisent l'énergie physique, comme les graisses, les viandes, l'alcool, le tabac, le sucre blanc...

Faites attention aux émissions de télévision que vous regardez et à la musique que vous écoutez. La plupart transmettent des fréquences énergétiques très basses. De même, entourez-vous de photographies et d'images lumineuses et heureuses.

Exercice

Passez une heure de votre journée sans vous plaindre. Lorsque vous y arriverez, augmentez à 4 heures, puis une journée, puis une semaine. Vous pouvez remplacer chacune de vos paroles et pensées par de la gratitude. Vous pouvez lire à ce sujet *Le Grand Oui à la vie !* de Pierre Pradervand, paru aux Éditions Jouvence.

Celles-ci augmenteront votre niveau d'énergie.

Vous pouvez également élever votre état énergétique mental ou conscient en prêtant attention à vos pensées et en réduisant les idées négatives qui circulent dans votre tête. Il existe de nombreuses méthodes.

Le meilleur moyen d'augmenter son énergie spirituelle est la méditation. Ce moyen vous permettra de vous connecter à la source et, par conséquent, de vous rapprocher de l'intention.

Un des bénéfices les plus importants de la méditation que j'ai découvert est la possibilité de trouver la réponse aux problèmes qui nous ennuient. En effet, le cerveau fonctionne comme un super ordinateur. Lorsque vous réfléchissez constamment, c'est comme si tous les fichiers de votre ordinateur restaient ouverts avec de nombreux programmes en exécution. Le plus gros programme, celui qui possède les réponses à la majorité de vos problèmes, ne peut fonctionner car il demande beaucoup plus de mémoire vive. En méditant, c'est comme si vous fermiez tous les fichiers et les programmes inutiles. Le programme principal peut alors fonctionner à plein régime et vous apporter toutes les solutions dont vous avez besoin.

L'approche spirituelle de la méditation met en lumière notre connexion à la source ou conscience universelle, une énergie à fort potentiel, où tout est réalisable et dans laquelle il n'y a pas de séparation entre votre intention et sa manifestation. En méditant, vous vous connectez à cette source. Vous recevez l'inspiration. Nous pouvons aussi considérer la méditation comme une manière de reposer son esprit et laisser son âme se repaître de bonheur.

Il y a de nombreuses façons de méditer. Vous pouvez vous retrouver dans le silence et vous concentrer sur votre respiration. Vous avez l'option de méditer en prononçant des sons spécifiques tels que « Ah » et « Hum ». Installez-vous confortablement. Détachez-vous de tout ce qui vous préoccupe en vous offrant cinq minutes de tranquillité d'esprit. Vous pouvez choisir la paix intérieure en décidant de vous départir du stress qui vous habite, ne serait-ce que pour quelques instants. Choisissez de mettre de côté vos préoccupations et concentrez-vous sur votre moi profond. Écoutez le silence. Remplissez-vous de calme et de sérénité. Avec le temps, vous arriverez à faire le vide complet. Plus vous vous exercerez et plus vous ressentirez une communion entre vous et l'immensité universelle, là où tout est possible et où se trouvent toutes les réponses.

Exercice

Un moyen très simple de méditer peut se développer par la contemplation de la nature. Promenez-vous trente minutes par jour, que ce soit dans un parc, en forêt ou en bord de mer. Concentrez-vous pour déceler toutes les nuances des couleurs qui vous entourent comme si vous aviez à reproduire ce que vous observez sur une toile. Décrivez mentalement tout ce que vous percevez. Non seulement ce que vos yeux peuvent voir, mais le goût dans votre bouche, les odeurs environnantes, la texture des vêtements sur votre peau, le mouvement de vos pieds sur le sol, le vent dans vos cheveux, la sensation de chaleur du soleil qui caresse votre visage.

Ensuite, plongez-vous dans les différents visages de l'intention. Utilisez la gratitude en remerciant l'univers de vous offrir un tel spectacle. Faites les louanges de la beauté qui vous entoure, qui ne se présentera qu'une seule fois de cette façon précise.

Pensez à l'expansion de l'univers en regardant comment les arbres poussent toujours plus haut, en remarquant la richesse qui vous entoure.

Conclusion

Chaque jour, vous pouvez vous imprégner davantage des visages de l'intention. Intégrez ce tout universel et vous y trouverez votre place. Voyagez dans le sens du courant. Écoutez le silence, il comporte de nombreuses réponses.

2. Comment manifester ses désirs

Vivre sans stress

Vous pouvez vous servir de l'intention pour manifester vos désirs. Vivre dans l'intention vous permet d'évoluer dans le bonheur au quotidien en ayant la vie que vous souhaitez, sans jamais vous soucier du lendemain. C'est un art de vivre qui se développe et s'apprend.

Décider de vivre sans stress

Le meilleur moyen de vivre dans l'intention est de penser à ce que l'on souhaite calmement. Vous ne pourrez jamais décider de ce que vous désirez dans le stress. C'est comme si vous souhaitiez voir avec clarté dans le brouillard. Le stress remue toute la « poussière » dans votre tête. Vous serez en réaction par rapport à votre environnement et non en action vers ce que vous souhaitez vivre.

Vivre dans la facilité est un choix.

Vivre dans l'intention facilite tout. En fait, les soucis s'évanouissent. Faut-il encore que vous souhaitiez vivre sans stress. J'ai rencontré une dame qui m'a confié que son plus grand problème était qu'elle se faisait trop de soucis. Lorsque je lui ai proposé une méthode pour s'en débarrasser, elle a eu un mouvement de recul : « Mais que vais-je faire alors si je ne peux plus me faire de soucis ? » s'est-elle inquiétée ! Vivre dans la facilité est un choix. Vous devez consciemment décider que ce sera votre style de vie.

De nombreuses personnes pensent être victimes de situations perturbantes qui provoquent la colère, l'angoisse et le stress. En fait, le stress n'existe pas à l'extérieur de soi. Vous choisissez consciemment ou inconsciemment vos émotions. La plupart des gens ont pris l'habitude de ressentir une émotion par défaut. Ce faisant, ils pensent qu'il en sera toujours ainsi. Mais, il n'en est rien. À tout moment, vous avez le pouvoir de ne plus être victime d'émotions négatives. Vous pouvez consciemment choisir de refuser le stress.

Une vie sans stress, ça se décide. Vous ne pouvez vous le procurer au supermarché. Lorsque vous dites « ça me stress », en fait, vous décidez de réagir avec angoisse à un élément extérieur. Cet événement n'a d'emprise sur vous et votre humeur que parce que vous lui en donnez l'occasion.

Exercice

Une excellente façon de se calmer rapidement est de respirer profondément. Lorsque vous sentez l'angoisse ou le stress monter en vous, arrêtez-vous un moment et prenez une profonde respiration. Sentez l'air débloquer la barre qui vous bloque au niveau de l'abdomen et se rendre jusque dans la région du plexus solaire, située autour du nombril. À force de respirer ainsi, vous développerez une plus grande maîtrise de vos émotions. Ainsi, vous pourrez choisir de rester serein même si une situation présente tous les aspects stressants.

« L'Homme ne peut être heureux
s'il ne contrôle pas sa respiration. »
Platon

Exercice

Prenez une feuille de papier et notez toutes les circonstances qui déclenchent des réactions de colère ou de stress. Pour chaque élément, faites de votre mieux pour vous rappeler la situation identique passée (ou du moins les plus importantes). Ensuite, retournez aussi loin que vos souvenirs vous le permettent pour vous rappeler quelle a été l'origine de cette douleur ou de cette colère. Souvent, le fait de retrouver l'origine aide à l'atténuer.

La raison pour laquelle cette circonstance en particulier vous stresse est profonde. Les éléments déclencheurs sont différents d'une personne à l'autre. Ce qui provoque des réactions négatives dans votre vie est sûrement lié à des situations similaires qui ont eu lieu durant votre enfance. À chaque nouvelle manifestation, vous ressentez du stress.

Lorsque quelque chose nous énerve, c'est que nous y portons attention. Les défauts que nous remarquons chez les autres sont ceux que nous tentons de cacher. De plus, nous sommes parfois vexé par des actions qui nous rappellent nos erreurs passées. Nous allons devenir intolérant lorsqu'une situation est similaire à celle où nous avons eu un comportement regrettable.

De plus, pour réduire ou éliminer le stress de votre vie, tâchez de toujours faire de votre mieux. En effet, si vous n'avez pas à vous reprocher des occasions manquées, des paroles mal placées ou un travail inachevé, vous aurez moins de raison de vous sentir stresser. Pour faire de votre mieux, habituez-vous à limiter vos activités à l'essentiel tout en terminant ce que vous commencez. Faites attention à mesurer vos paroles et vos actions. N'agissez pas sous le coup d'une émotion vive. Faites le bilan à la fin de la journée. Notez vos succès et ce que vous pouvez améliorer le lendemain.

Exercice

Pour se détacher d'une telle douleur, il est important de se pardonner. Vous avez fait de votre mieux avec les connaissances que vous aviez à ce moment-là. Avec l'expérience, vous avez évolué. La personne qui a agi par le passé n'est plus la même. Ne jugez donc pas sévèrement la personne passée qui ne possédait pas les connaissances que vous avez à ce jour. En vous pardonnant le mal que vous avez fait à autrui, vous serez moins stressé par des situations qui vous rappellent vos erreurs passées.

Savoir ce que l'on veut

Afin de créer une vie idéale, il est nécessaire de savoir ce que l'on veut vraiment. Il est important de faire et d'agir selon ce qui nous apporte le plus de bien-être et de bonheur. La matérialisation de nos rêves passe par ce bonheur.

Afin de vivre dans l'intention, il est essentiel de connaître cette intention, ce que vous souhaitez dans la vie. Il ne s'agit cependant pas uniquement de savoir ce que l'on veut obtenir. Il est plus important de connaître notre raison d'être, d'exister sur cette terre.

Exercice

Notez ce que vous avez à faire pour tout ce qui concerne votre vie quotidienne la veille au soir. Ne surchargez pas le planning, préparez cette journée afin de la vivre avec succès. Lorsque celle-ci touchera à sa fin, vous vous sentirez rempli de joie d'avoir éaccompli les tâches que vous vous étiez fixées ; ainsi vos objectifs pourront être atteints.

Lorsque vous vous sentez désemparé, déconnecté de la source ou que vous ne savez pas pourquoi vous êtes ici, répétez-vous tranquillement : « Je sais que j'ai une raison d'être. Je vais découvrir ma mission. Je peux faire tout ce que je souhaite car je sais que tout est possible. »

La plupart des gens ressentent un malaise lorsque l'on aborde le sujet de leur raison d'être. Vivre dans l'intention, cependant, c'est avoir le sentiment de vivre une vie épanouie dans laquelle nous remplissons notre mission de vie. Comment faire pour trouver cette mission de vie ? Il existe plusieurs façons d'y parvenir.

La seule raison pour laquelle vous n'avez pas encore entrepris votre mission de vie est que vous n'osez pas imaginer de quelle façon vous pourriez y parvenir. Sachez que tout est possible. Le plus important dans la vie est de réaliser ce qui nous fait profondément vibrer. Les moyens et l'argent suivront toujours. Ce n'est pas l'argent qui crée le bonheur, mais bien le bonheur qui attire le meilleur.

Il existe une autre manière de trouver ce pour quoi nous sommes sur terre. Vous devez noter sur un papier vos trois qualités principales. Puis, écrivez trois idées qui vous tenteraient pour aider les autres. En dernier lieu, inscrivez trois activités qui vous passionnent. Lorsque vous avez terminé, liez-les avec la phrase suivante : « Grâce à (indiquez les qualités), je souhaite (indiquez le service que vous voulez rendre aux autres) en (indiquez les trois types d'activités qui vous passionnent). » Lisez cette phrase régulièrement. Dans peu de temps, une ou plusieurs idées créatrices vous viendront à l'esprit, qui correspondront exactement à cette description.

Exercice

Pour déterminer ce que l'on veut vraiment faire de sa vie, posez-vous la question de savoir ce que vous feriez si vous étiez multimillionnaire, mais qu'il ne vous restait que cinq ans à vivre. Quelle occupation vous passionnerait le plus ? Il y a des chances que ce soit votre mission de vie.

« Parce que je vis
sur le côté actif de l'infini,
j'ai un sens de ma destinée
qui ne permettra pas de mourir
avec ma musique inexprimée
encore en moi. »
Dr Wayne Dyer

Bon à savoir

Rappelez-vous ce que vous vouliez devenir avant l'âge de raison. Souvent, ce que nous souhaitions faire de notre vie à cet âge représente notre mission sur terre. Pour plusieurs raisons, nous avons changé de voie. Il n'est jamais trop tard pour se lancer.

La plus belle mission de vie que l'on puisse avoir est d'être au service de son prochain. Il existe d'innombrables

possibilités. Ainsi, vous aurez davantage l'impression de vivre dans l'intention et de remplir votre mission de vie. Vous n'avez pas besoin de travailler pour Médecins sans frontières pour développer ce sentiment. Prenez simplement le temps de réfléchir aux moyens par lesquels vous pouvez améliorer la vie d'au moins une personne par vos actions quotidiennes. Vous ressentirez une joie inégalée et vous serez en phase avec l'intention.

Être ce que l'on veut recevoir

Pour utiliser le pouvoir de l'intention, il n'est pas question de vouloir, mais bel et bien de devenir. La richesse n'est pas un statut social mais un état mental. Vous désirez la santé, vous devez orienter toute votre énergie vers votre bien-être. Vous désirez l'amour, alors vivez dans l'amour et développez les qualités que vous recherchez chez autrui.

Exercice

Commencez par l'aboutissement. Pour réaliser vos rêves, vous pouvez utiliser le pouvoir de l'intention. Il est nécessaire d'agir avec le but en tête. La plupart des gens prêtent attention aux blocages qui peuvent entraver leur cheminement. Ce faisant, ils risquent de se heurter aux problèmes qu'ils appréhendent le plus. En revanche, si vous vous concentrez sur la finalité en vous demandant comment celle-ci va se réaliser, vous trouverez des solutions et accéderez à une source infinie de moyens.

Vous ne pourrez jamais devenir ce qui vous manque. En effet, si vous désirez quelque chose ardemment en songeant sans cesse à son manque, vous resterez bloqué. Dès que vous ouvrez votre esprit en ressentant la joie d'avoir déjà atteint votre objectif, vous aurez plus d'inspiration sur la manière de réaliser ce rêve.

Vous pouvez toujours savoir si vous êtes en train de penser à ce que vous voulez ou à ce dont vous manquez. En effet, dès que vous sentez votre estomac se nouer, que vous êtes de mauvaise humeur, que vous ressentez un début de tristesse ou d'angoisse, vous savez immédiatement que vous songez à ce que vous ne souhaitez pas avoir dans votre vie. Si vous pensez à ce que vous désirez, vous vous sentirez immédiatement beaucoup mieux.

Exercice

Écrivez sur un petit carton trois buts que vous souhaitez atteindre et qui, lorsque vous pensez les avoir atteints, vous inondent de joie. Si vous n'êtes pas sûr, écrivez le contraire de ce que vous ne désirez plus vivre. Ne vous demandez pas comment vous allez atteindre votre but. Conservez le petit carton avec vous et, dès que vous avez un sentiment négatif, lisez-le immédiatement et ressentez la joie d'atteindre ce but.

La plupart des gens regardent le mur qu'ils essaient d'éviter et, évidemment, s'y heurtent. Lorsque vous avez appris à conduire, on vous a enseigné qu'il ne fallait jamais regarder dans la direction de l'obstacle que vous devez contourner. Sinon, vous conduirez le véhicule dans la direction de votre regard et vous risquez un accident.

ATTENTION

Il est fondamental d'accorder vos pensées avec vos désirs. Les réflexions conflictuelles n'aboutissent à aucun résultat positif. Le meilleur moyen de savoir si vos pensées concordent avec votre volonté est d'écouter vos sentiments. Si vous vous sentez bien, cela indique que vous êtes aligné avec votre intention. Sinon, vous devez changer votre pensée.

Il en est de même dans la vie de tous les jours. Nous regardons souvent l'obstacle au lieu de porter notre regard sur la destination souhaitée. Il en résulte de nombreux accidents de la vie. Vous pouvez changer votre regard à tout moment et tourner le volant de votre vie dans la direction que vous désirez.

Vous observerez un changement quasi immédiat de votre niveau de bonheur et de vos circonstances de vie.

Pour vivre dans l'abondance et la prospérité, il est primordial que vous modifiiez votre discours intérieur. Si vous n'orientez vos pensés que dans le sens opposé à vos désirs, vous n'arriverez pas à résonner au même timbre que votre intention.

Si votre monologue intérieur va à l'encontre de votre intention, il finira par l'emporter.

Bon à savoir

Ce que vous voyez autour de vous est une représentation de ce qui se passe en vous. Plus vous doutez de ce que vous désirez et plus vous rencontrerez d'obstacles à la réalisation de vos rêves.

Ne changez pas d'avis ou d'opinion. De nombreuses personnes changent de voie au moindre pépin. Il est crucial de garder votre intention première quoi qu'il arrive. Persévérez avec discipline tout en avançant à pas constants. Gardez en tête le but que vous souhaitez atteindre et pensez-y régulièrement. Rappelez-vous les raisons qui vous y poussent. Ne laissez personne vous démotiver.

Vous pouvez imaginer qu'il existe un lieu dans l'univers où tous vos vœux sont entreposés. Dès que vous émettez un souhait, des anges vont le chercher pour vous le porter. Si, durant le délai que cela prend pour réaliser votre rêve, vous le changez, les anges doivent rendre le souhait pour aller vous en chercher un autre (souvent le deuxième n'est plus vraiment ce que vous désiriez). Soyez patient.

Dites oui à la vie et à tout ce qui vous arrive. Tout le monde a des problèmes.

Exercice

Inspirez-vous des vies de personnes qui ont survécu à pire que ce que vous vivez. Lisez des autobiographies de ceux qui ont traversé de nombreuses catastrophes et ont tout de même vécu une vie prospère dans tous les sens du terme. Ils sont bien plus nombreux que vous ne pouvez l'imaginer.

Si vous prenez toutes les circonstances de votre vie positivement, vous vivrez avec beaucoup plus de bonheur. Sachez que cela prend des millions voire des milliards de synchronicités pour permettre à chaque instant de se produire afin que vous en bénéficiiez.

Refuser une circonstance sous prétexte que vous pensez que c'est un problème, c'est comme insulter l'univers dans son ensemble. Acceptez ce qui vous arrive en vous disant que cela fait partie du plan divin ou de l'intention. Vous en retirerez plus rapidement les leçons et pourrez passer à autre chose plus rapidement.

Par exemple, Michael Morton est un homme innocent qui fut accusé du meurtre de sa femme et passa vingt-cinq ans en prison avant d'être réhabilité. Il a perdu son épouse tragiquement assassinée, son fils qui ne voulait pas rendre visite à un père qu'il croyait coupable, et vingt-cinq années de sa vie. Au cours du documentaire sur sa vie, il a dit une phrase qui m'a beaucoup marquée : « En prison, j'ai appris trois choses : que Dieu existe, qu'il en sait beaucoup plus que moi et qu'il m'aime. Qu'y a-t-il d'autre à savoir ? » Son visage radieux illuminait l'écran et j'ai compris encore davantage à quel point le lâcher-prise avait sa raison d'être.

Le lâcher-prise a sa raison d'être.

Face à ce genre d'exemple, je me sens humble et encore plus ouverte à l'abondance qui nous entoure. Lorsque vous accueillez chaque événement de votre vie de manière positive, vous dites oui à l'univers et vous lui faites confiance.

En 1991, je me suis rendue en ex-Yougoslavie alors qu'une guerre civile s'apprêtait à exploser. Cinquante-huit longues heures traumatisantes, trimbalée dans un autobus qui s'arrêtait toutes les demi-heures. À chaque arrêt, des militaires armés pointaient leur fusil sur ma tempe en me demandant d'une voix ferme et sévère de leur présenter mes papiers d'identité. Certaines personnes étaient traînées hors du bus. On entendait des cris et autres râles. J'étais pétrifiée de peur. Arrivée à la gare, je me précipitais pour prendre le seul moyen de locomotion possible pour sortir de cet enfer. J'ai raté ce train de cinq minutes.

À retenir

Observez toujours les deux côtés de la médaille. Sachez que ce qui vous arrive est toujours pour le mieux. Vous ne pouvez pas tout savoir. Votre entendement est limité. Rappelez-vous que même si vous pensez vivre un gros problème, vous avez peut-être évité une situation plus grave.

Je pensais que l'univers entier m'avait punie. Le prochain départ devait avoir lieu six heures plus tard. Le prix d'un nouveau billet me coûterait le repas du jour, ayant épuisé tout mon budget. Six longues heures de panique à pleurer et espérer que je ne me ferais pas trucider avant le départ. J'étais brisée par la terreur, la faim et la fatigue.

Le train qui me conduisit hors du pays roulait au ralenti. Au bout de quelques heures, je demandais aux agents de sécurité ce qui pouvait causer ce retard. Ils m'expliquèrent que le train précédant avait subi une attaque terroriste et qu'il avait déraillé, emportant avec lui nombre de passagers. Les dégâts causés par l'explosion avaient endommagé la voie et nous étions donc obligés d'emprunter d'autres chemins.

Si je n'avais pas raté ce train, je ne serais pas en vie ici, aujourd'hui, à vous parler d'intention. Nous ne voyons souvent qu'une partie de la réalité, Nous ne pouvons savoir si, à tout moment, nous n'avons pas évité pire que ce que nous pensions avoir vécu.

Nous ne comprenons ce qui nous amène à vivre certaines expériences que plus tard dans la vie. Lorsque nous réalisons un rêve et que nous observons les circonstances qui nous y ont mené, nous voyons alors que chaque pas avait son importance et que les problèmes étaient nécessaires pour nous permettre de grandir.

Le futur n'existe pas

Le futur n'est qu'une projection imaginée de vos désirs et de vos craintes. Rien ne s'est encore réalisé. Par conséquent, rien n'existe encore réellement. Le futur est un tableau blanc sur lequel vous pouvez peindre les couleurs de votre choix.

> « Vous souhaitez changer de fruits,
> changez ce avec quoi
> vous nourrissez vos racines. »
> Harv T. Eker,
> *Les Secrets d'un esprit millionnaire*

La plupart des gens projettent dans l'avenir la vie qu'ils observent dans leur quotidien. Par conséquent, ils reproduisent les mêmes circonstances dans ce futur. Ils maintiennent ainsi la fausse croyance que « ce sera ainsi car cela a toujours été ainsi ». Or, ce n'est pas le cas. Ce que nous observons dans le présent sont les fruits de nos pensées passées. Par nos pensées, nos paroles et nos actions, nous semons les graines qui porteront leurs fruits dans le futur. Par conséquent, notre avenir n'est pas tributaire de notre passé.

Vous vous jouez un film. Vous avez le choix de décider du scénario de ce film. Ce peut être une tragédie, un drame ou un film d'horreur, si vous vous inquiétez de votre devenir. Si vous gardez un cap optimiste et si vous vous concentrez seulement sur le but que vous désirez atteindre sans crainte des possibilités tragiques inexistantes, alors vous vivrez toujours un film heureux.

Exercice

Fermez les yeux cinq minutes par jour et visualisez la vie que vous souhaitez avoir. N'essayez pas de réfléchir à la manière dont vous allez y arriver. Concentrez-vous simplement à rendre ce film le plus réel possible. Imaginez en détail comment vous serez habillé, où vous habiterez, ce qui vous entourera. Créez-vous une histoire passionnante et, bientôt, vous apercevrez des signes vous menant à destination. Parfois, ils se feront sous la forme d'idées créatrices qui vous permettront de réaliser ce rêve.

Vivre dans l'instant présent

« Il y a des choses que vous serez amené à réaliser un jour sous des circonstances que vous imaginez plus favorables. Mais le seul temps qui soit réellement vôtre est le présent, il est donc temps d'avoir un mot de compliment et de sympathie, de faire acte de générosité, de pardonner ses erreurs à un ami inconstant, de se sacrifier un peu plus pour les autres. C'est aujourd'hui le jour de montrer vos plus nobles qualités de cœur et d'esprit, de faire au moins une chose qui vaille la peine et que vous avez trop longtemps remise à plus tard, et d'utiliser les dons reçus de Dieu pour enrichir quelqu'un de moins fortuné. Aujourd'hui, vous pouvez donner un sens à votre vie. Le présent vous appartient pour en faire ce que vous voulez. »

Grenville Kleiser

Afin d'utiliser le pouvoir de l'intention, il est fondamental d'être concentré sur ses actions, pensées et émotions présentes. Rien ne peut se créer dans le passé et le futur n'existe pas encore. Tout se joue dans le présent.

Exercice

Asseyez-vous, les pieds bien à plat sur le sol. Respirez profondément. Concentrez-vous d'abord sur vos pieds. Sentez leur contact (même à travers vos chaussures) avec le sol. Ancrez-vous. Pensez à la position de votre corps dans l'espace. Sentez l'air froid entrer en vous, puis l'air chaud ressortir à chaque respiration. Pensez aux battements de votre cœur. Tentez de décrire tout ce que vos sens perçoivent à cet instant précis. Exercez-vous ainsi chaque jour, et vous vous sentirez bien plus présent.

Il n'est pas toujours facile de se concentrer sur le présent. Et pourtant, lorsque vous êtes présent et à l'écoute, vous arrivez beaucoup plus rapidement aux solutions dont vous avez besoin pour atteindre le futur que vous avez choisi.

Se recueillir c'est se retrouver

« Plus nous prions, méditons
et prenons la pratique
spirituelle au sérieux,
plus nous sommes à même
d'écouter la voix douce et calme
de Dieu. »
Marianne Williamson

Dans le silence et la tranquillité, vous reposerez votre âme. Lorsque vous êtes pris par le courant de la vie, souvent, vous oubliez l'essentiel. On ne peut plus distinguer l'arbre de la forêt. Si vous oubliez ce qui importe vraiment, vous allez vous éloigner de votre source et ne serez plus en phase avec votre intention. Vous vous sentirez tendu et stressé. Il est possible que vous

vous sentiez plus fatigué même si vous dormez plus longtemps.

Il est important de se permettre des instants de silence pour se retrouver. En même temps, cela permet d'établir une distance entre ce que vous souhaitez ardemment obtenir et réussir, et le simple plaisir de posséder déjà beaucoup de richesses (par le simple fait d'être en vie). Si vous doutez de vos richesses, pensez un instant à tous ceux qui n'ont pas d'électricité ou d'eau potable, aux hospitalisés ou aux sans abri.

Faire le vide, cela permet de se libérer de toutes les pensées inutiles qui envahissent notre esprit et nous empêchent de trouver les solutions aux problèmes. Pensez à un ordinateur dont le programme « solution » utiliserait beaucoup de mémoire et ne pourrait pas fonctionner à cause de tous les fichiers ouverts. Vous devez fermer les fichiers pour permettre à l'ordinateur de fonctionner à pleine puissance. Il en est de même avec le cerveau. Dans le livre *La Loi de l'attraction, mode d'emploi* paru aux Éditions Jouvence, je vous explique comment vous débarrasser de vos pensées négatives.

Exercice

Une bonne méthode consiste à noter dans un cahier tout ce qui vous passe par la tête. Tout ce que vous avez à faire. L'expression écrite aide à libérer l'esprit.

Vous pensez sûrement que c'est un travail surhumain car vous en avez trop. Il n'en est rien. Souvent, ce sont les mêmes pensées qui se répètent. Quand vous les listez par écrit, vous vous rendez compte qu'elles ne sont pas si nombreuses. Lorsque vous gardez tout en tête, c'est comme si vous tentiez de jongler avec dix balles.

Exercice

Faites régulièrement une balade en pleine nature. Observez la beauté qui vous entoure. Prenez le temps de remarquer à quel point l'univers est abondant et en expansion. Vous faites partie de cette nature, et vous aussi vous avez le droit de vivre dans cette abondance. En vous promenant dans la nature, vous êtes en harmonie avec les visages de l'intention et vous serez plus rapide à manifester vos désirs.

Développer votre intuition

« Nous nous sentons
extrêmement confus
lorsque nous essayons
de convaincre notre tête de quelque chose
alors que notre cœur sait bien
qu'il s'agit d'un mensonge. »
Karen Moning

Nos instincts nous guident toujours vers la solution qui nous offrira le plus de bien-être. La plupart des gens tentent à tout prix de rationaliser et de comprendre tout ce qui les entoure. La raison est limitée. Elle se base sur nos croyances, ce qui nous a été enseigné par des gens qui avaient leurs propres croyances. Notre intelligence rationnelle ne comprend pas tout et ne peut tout expliquer.

L'instinct sait intuitivement quelle route emprunter. Écouter et suivre son intuition procure bien-être et harmonie. Comment alors développer son intuition ? Amplifiez la confiance en votre être supérieur, la source, la conscience universelle. Vous trouverez en vous la réponse à toutes vos questions si vous vous laissez la chance d'y répondre.

Il est fondamental de se retrouver dans le silence pour permettre à sa voix intérieure de se faire entendre. Éteignez toute autre source émettrice. Posez-vous une question et attendez la réponse sans vous demander comment vous y arriverez.

Bon à savoir

Tous les gens qui ont du succès se basent sur leur intuition pour prendre des décisions rapidement. Les grands de ce monde savent prendre le temps de la réflexion dans le silence. Ils font les bons choix et ainsi parviennent à leurs objectifs.

N'écoutez pas le brouhaha de votre raisonnement qui vous offre des possibilités rationnelles. Écoutez plutôt vos sens. L'intuition se ressent physiquement au niveau du ventre. Si vous pensez à un chemin à suivre et que votre estomac se crispe, ce n'est probablement pas la bonne voie. Plus vous prendrez le temps pour écouter et suivre votre intuition, plus vous développerez cette aptitude.

La puissance des émotions

Les émotions sont au cœur (si je puis dire) de votre pouvoir de l'intention. Celui qui maîtrise ses émotions saura manifester quasi instantanément ses désirs. Il est important de comprendre ce que sont les émotions pour bien saisir l'importance et la manière de les contrôler.

Gregg Braden, un scientifique américain, s'est penché depuis de nombreuses années sur la puissance de manifestation, surtout au niveau de la santé. Il a voyagé de par le monde pour étudier comment les cultures non occidentales guérissaient et utilisaient leur pouvoir de manifestation.

Il s'est aperçu que, dans les traditions occidentales, la plupart des gens mélangeaient les concepts de raisonnement, sentiment et émotion. Tandis que dans plusieurs autres cultures, la distinction se faisait très clairement.

Les idées (raisonnement) se situent au niveau de la tête. On peut vouloir quelque chose et y penser ardemment. Cependant si l'on n'active pas ses sentiments en corrélation avec cette pensée, rien ne se produit. C'est, entre autres, pour cette raison que de nombreuses personnes, qui tentent de manifester leur désir en utilisant des affirmations, n'aboutissent pas à leur fin.

Les émotions sont à la base de l'intention.

Les sentiments se situent au niveau du ventre. Nous en avons parlé précédemment. Les sentiments remontent du ventre et s'allient aux pensées pour former une émotion. Si vous avez une pensée positive mais que votre sentiment est négatif, vous créerez inévitablement un résultat négatif.

Les émotions sont à la base de l'intention. Lorsque notre intention (le souffle derrière une action) est remplie d'énergie positive (une bonne intention), celle-ci se traduira, dans le futur, par un résultat

Bon à savoir

> Si vous désirez avoir plus d'argent, mais que vous ressentez de la crainte vis-à-vis de vos factures, de vos dettes ou tout autre problème que vous associez à l'argent, votre intention associée à l'argent sera négative. Par la force de votre intention, vous ne pourrez pas en obtenir davantage.

positif. Si l'intention est « mauvaise », il s'en suivra un résultat négatif. Selon l'étude de Gregg Braden, il existe uniquement deux formes d'émotions : l'amour et ce qui est contraire à l'amour. L'amour donne naissance à toutes les bonnes intentions.

Les émotions se retrouvent au niveau du cœur. D'après les recherches que Braden a menées, le cœur semble être le plus puissant émetteur d'ondes énergétiques et magnétiques. Par conséquent, lorsque vos sentiments se mêlent à vos pensées, au niveau du cœur, vous allez envoyer une onde magnétique qui va attirer, comme un aimant, ce que vous avez projeté par votre intention. Plus vos sentiments sont ressentis avec force (qu'ils soient positifs ou négatifs), plus la force en retour sera grande. Avec de la pratique, vous arriverez à maîtriser l'art de la manifestation spontanée.

Comment alors se servir de cette connaissance pour vivre une vie remplie d'abondance, de santé et de prospérité ? Tout d'abord, vous devez être à l'écoute de vos sentiments. Il est plus important d'agir avec une intention positive que de travailler d'arrache-pied tout en ayant des émotions positives.

La plupart des gens rament à contre-courant. Il semble logique de travailler dur pour mériter son bien. Il semble naturel de devoir faire des efforts pour mériter une récompense (et plus l'effort est important, plus la médaille sera grosse). Puisque tout le monde semble être dans le même bateau, rares sont ceux qui se demandent si c'est vraiment la meilleure manière de fonctionner.

Et puis, il y a ceux qui suivent le sens du courant. Ils ne se battent pas pour se prouver, pour avoir raison ou pour gagner. Ils agissent simplement, constamment dans le sens de ce qui leur procure du bien-être. Ils écoutent leur cœur et ne se fatiguent pas à travailler pour paraître et s'occuper, mais bel et bien pour arriver à leur destination.

Ils apprécient le trajet qui les mène à leur but et c'est cela qui leur permet de s'y rendre plus rapidement. Plus le sentiment de bonheur est important, plus le courant

Exercice

Passez une journée entière à agir en écoutant vos sentiments. Ce que vous faites vous procure-t-il du plaisir ? Si ce n'est pas le cas, demandez-vous ce qui, à sa place, pourrait vous rendre plus heureux.

est rapide. Esther Hicks le dit très bien : « Rien de ce que vous voulez vraiment ne se trouve en amont du courant. »

Pour réussir à utiliser vos sentiments, vous devez vous exercer à écouter votre cœur. De plus, entraînez-vous à faire monter en vous un sentiment de bien-être sur commande.

En combinant régulièrement le sentiment d'amour et l'idée de ce que vous souhaitez, vous projetterez une puissante intention dans l'univers. Elle se manifestera. Vous rencontrerez des gens qui vous aideront. Vous aurez les idées créatrices nécessaires pour changer de voie et accéder à celle, plus rapide, qui vous rendra vers cette destination.

Ne changez pas fréquemment de direction pour laisser le temps à votre

Exercice

Pensez à un être pour lequel vous ressentez beaucoup d'amour (votre enfant, un animal de compagnie). Concentrez-vous afin de développer ce sentiment en vous. Sentez-le vous réchauffer le cœur. Au même instant, pensez à la vie que vous aimeriez mener sans vous questionner sur les moyens à employer pour y accéder.

intention de se manifester. Ne vous découragez pas trop vite car le découragement sera l'intention que vous enverrez.

Pour aller plus loin

Si vous agissez généreusement en pratiquant la bonté aléatoire, vous augmenterez d'autant plus votre pouvoir de l'intention.

L'alignement des chakras

De nombreuses traditions orientales nous parlent des chakras. Ce sont des centres d'énergie situés en ligne droite à différents endroits de notre être spirituel. Ils sont souvent associés à certains organes physiques : le dessus du crâne, le « troisième œil » ou point situé au milieu du front, la gorge, le cœur, le plexus solaire, le nombril et le coccyx.

Chacun de ces points est représenté par une couleur associée à une ou plusieurs qualités personnelles. En ouvrant, débloquant et alignant ses chakras, on s'aligne sur les forces de l'univers et l'on vit une vie beaucoup plus harmonieuse. En alignant ses chakras, on arrive à maîtriser davantage le pouvoir de l'intention.

Exercice

Concentrez-vous sur chacun des endroits du corps décrit plus haut et envoyez-y de la lumière. Avec le temps, vous aurez l'impression de pouvoir sentir le chakra se débloquer.

Grâce à des méditations particulières et des pratiques spirituelles telles que le yoga, vous pouvez débloquer vos chakras et atteindre la plénitude.

L'art de dire merci

« Comptez vos bénédictions.
Une fois que vous réalisez
combien vous êtes précieux
et tout ce que vous avez pour vous,
les sourires reviendront,
le soleil éclatera, la musique jouera,
et vous pourrez enfin être en mesure
d'avancer sur le chemin de vie
que Dieu a voulu pour vous,
avec grâce, force,
courage et confiance. »
Og Mandino

Une des façons d'expérimenter la puissance des énergies positives autre que l'amour est la gratitude. Sa force est sans limites. Premièrement, si vous souhaitez attirer quoi que ce soit de positif dans la vie, il faut d'abord que vous soyez heureux de ce que vous avez déjà. Cela semble contradictoire de prime abord, mais c'est aussi une loi de l'univers, illogique.

L'une des manières les plus simples est de se répéter : « J'aime ce que j'ai, mais je veux plus. » Par exemple, j'adore les voitures. Je suis humaine et il y a un bien matériel qui m'attire beaucoup : ce sont les voitures de sport ou de luxe. Je trouve qu'elles sont très belles. Donc, je jongle souvent entre ces deux pensées en me répétant : j'adore ma Jaguar, c'est la vérité ! Je l'ai même nommée Jacquie, c'est pour vous dire. Et je ressens beaucoup de gratitude d'avoir cette chance. En même temps, j'aimerais bien une Porsche, une Mercedes ou une Range Rover... Enfin, vous comprenez ce que je veux dire. Il n'y a pas de contradiction réelle.

La gratitude est extrêmement importante que ce soit dans vos prières ou dans vos conversations de tous les jours. Au lieu de blâmer ou critiquer, essayez de gratifier. Ce que vous bénissez augmentera pour vous au centuple.

La force de la gratitude est sans limite.

Comme nous ne remarquons pas toujours ce que nous possédons, faites-en une liste. Vous pouvez commencer par

Exercice

Procurez-vous un cahier dans lequel vous noterez quotidiennement au moins 10 choses pour lesquelles vous ressentez de la gratitude. Cette habitude provoquera de la magie dans votre vie.

remercier l'univers pour votre santé ; continuer par le fait que vous avez un toit, des amis, de l'amour, un emploi, le sens de l'humour, des voisins calmes, de la joie, etc.

« Être dans un état de gratitude
crée réellement du magnétisme.
Comme un aimant, vous attirez
les mêmes choses dans votre vie. »
Dr Wayne Dyer

Chaque matin, je me recueille et remercie l'univers pour tout ce que je reçois. Je respire profondément et, au fond de mon cœur, une lueur de pur bonheur s'illumine. Placez votre liste à un endroit qui vous rappellera régulièrement de remercier le ciel, l'univers, les Esprits ou les anges de votre bonne fortune et celle-ci s'accroîtra.

Vous pouvez ressentir de la gratitude toute la journée. Remplissez le vide créé par tous les moments pendant lesquels vous ne vous plaignez plus par de la pure gratitude. Vous allez observer des changements positifs importants dans votre vie. C'est comme si vous deveniez Merlin l'enchanteur.

Chaque matin et chaque soir, prenez le temps d'écrire ce qui a été plaisant dans votre journée même si ce n'est qu'une seule chose : un bon repas, le sourire d'un enfant, une tape sur l'épaule que vous avez donnée pour encourager un collègue, ce que vous aimez le plus chez votre conjoint, moins d'embouteillages... Non seulement vous allez augmenter énormément le niveau de bonheur et d'énergie positive de votre journée, mais vous allez également attirer davantage ces merveilleux moments.

Prenez le temps d'écrire ce qui vous plaît.

Alors qu'est-ce que cela a à voir avec l'Intention ? Cela me paraît évident. L'intention réagit à votre luminosité positive. La gratitude fait monter ce niveau d'énergie en vous. Votre aura devient plus brillante et plus attirante. De ce fait, l'univers vous en donne plus.

Conclusion

En vous rapprochant de votre source, vous vivrez les circonstances de la vie avec plus de facilité. Vous aurez l'impression que votre vie est une suite de coïncidences fortuites. Vous aurez plus de facilité à vivre le plaisir de l'instant présent. La gratitude que vous exprimerez vous permettra d'attirer encore plus d'expériences positives.

3. Le pouvoir de l'intention au quotidien

Bienfaits au quotidien

Dès que vous utiliserez le pouvoir de l'intention au quotidien, votre vie s'améliorera grandement. Vous vous sentirez moins stressé et votre bien-être général augmentera au centuple. Il s'agit simplement de faire quelques ajustements pour vous rendre compte des bienfaits immédiats.

N'avoir besoin de rien

Lorsque l'on vit dans l'intention, tous nos désirs se réalisent car nous n'avons plus besoin de rien. Cela peut sembler contradictoire. En fait, lorsque l'on est complètement en harmonie avec l'intention, on s'aperçoit que tout est déjà parfait. Il n'y a aucune séparation entre soi et ses désirs. Du coup, les nouveaux désirs se réalisent presque instantanément.

Lorsque l'on a besoin de quelque chose en particulier, on vit dans le manque. On se sent vide ou insatisfait. Cette façon d'être nous mène immanquablement vers davantage d'insatisfaction. Vous ne pouvez attirer à vous ce qui vous manque. Ainsi n'attirerez-vous de cette manière que plus de sensation de manque.

Sentiment de plénitude.

Afin de réussir à vivre la vie de rêve que l'on souhaite, il faut apprécier la vie que l'on a déjà. En vivant chacun des visages de l'intention, vous augmenterez votre niveau de satisfaction générale par rapport à la vie que vous menez. Ainsi, vous attirerez encore plus de raisons d'être satisfait. C'est ce sentiment de plénitude qui vous aidera à vivre une vie bien remplie.

Vivre en bonne santé

Exercice

Faites la liste de vos souhaits, ce que vous aimeriez obtenir dans la vie, puis laissez-la de côté. Ne vous en souciez plus comme si vous aviez envoyé ce message à l'univers, en sachant au plus profond de vous-même que vos désirs seront exhaussés. Ensuite, occupez-vous de faire de votre mieux, pratiquez la gratitude et le lâcher-prise au quotidien.

Afin de favoriser un meilleur état de santé grâce au pouvoir de l'intention, il vous suffit tout d'abord de modifier quelques petites habitudes de vie. Commencez par développer plus d'amour de vous-même. Aimez ce corps qui vous sert et vous garde en vie. Montrez de la gratitude chaque jour pour ce corps qui vous est si utile et sans lequel vous ne pourriez pas exister. Si vous êtes atteint d'une quelconque maladie, concentrez-vous sur toutes les autres parties de votre corps qui fonctionnent encore à merveille.

Plus vous aimerez votre corps et plus vous souhaiterez en prendre soin. Prouvez-lui que vous l'aimez en le nourrissant d'aliments sains et en faisant régulièrement de l'exercice. Modifiez quelques habitudes quotidiennes pour vous donner le temps de pratiquer la marche, de vous cuisiner de bons petits plats et de manger calmement. Vous pouvez, par exemple, passer moins de temps devant la télévision, surtout au moment des informations.

Exercice

Chaque fois que vous vous lavez, murmurez-vous des mots d'amour. Tous les mots positifs ont un pouvoir guérisseur, surtout les paroles d'amour. Aimez chacune des parties du corps que vous lavez. Remerciez-la de son utilité. Ne prenez rien pour acquis. Imaginez votre désarroi si vous ne pouviez plus vous en servir. N'attendez pas d'avoir des problèmes de santé pour vous rappeler à quel point votre corps fonctionnait bien.

Pendant la préparation du repas et le repas lui-même, offrez de la gratitude et de l'amour. Toute l'énergie que vous ressentez lorsque vous cuisinez sera transmise dans les mets. Ne dit-on pas que l'ingrédient principal en cuisine c'est l'amour ? En mangeant dans l'amour, vous vous imprégnez d'ondes positives bénéfiques.

Habituez-vous à manger plus lentement et mâchez davantage afin de donner plus de nutriments à votre corps et d'avoir une digestion plus efficace. Offrez à votre corps le respect qu'il mérite, il vous permet de faire tant de choses ! Apprenez à le dorloter.

Prenez l'habitude de vous coucher à des heures régulières, et faites le plein d'énergie en dormant suffisamment.

En vous offrant du repos, vous vous offrez de l'amour. Vous vous permettez de recharger vos batteries. Reposé, vous aurez plus d'énergie positive qui vous permettra d'utiliser davantage le pouvoir de l'intention. Vous êtes-vous rendu compte que vous avez tendance à être plus déprimé et négatif lorsque vous êtes fatigué ?

L'exercice physique vous aidera à mieux dormir et à développer une attitude positive. Une demi-heure de marche quotidienne peut faire une grande différence.

30 minutes de marche par jour.

Le pouvoir de l'intention puise ses forces dans l'amour inconditionnel. L'amour guérit les plaies mêmes invisibles ou inconscientes. Plus vous vous aimerez, plus votre corps tendra vers une meilleure santé. Les quelques minutes d'amour que vous vous offrez quotidiennement auront un impact plus que favorable à long terme.

Louise Hay décrit une méthode qui fonctionne extrêmement bien pour guérir des plaies profondes. Je l'ai utilisée à maintes reprises sur les personnes que je coache, avec un succès incroyable.

Exercice

Prenez cinq minutes pour vous regarder dans le miroir chaque matin. Plongez votre regard dans le reflet de vos yeux et dites-vous que vous vous aimez. Prononcez votre prénom et exprimez tout l'amour que vous pouvez ressentir pour cette personne qui vous regarde. Utilisez des phrases telles que : « je t'aime tel que tu es », « tu es parfait », « je ne t'abandonnerai jamais », « tu mérites le meilleur », « je t'aime ».

Au début, vous aurez l'impression de parler à un inconnu. Il vous semblera vraiment bizarre de vous parler avec amour. Vous ressentirez peut-être de la gêne. Vous oublierez probablement, surtout au début, ce que vous souhaitez dire (écrivez-le). De plus, il vous semblera que vos paroles sonnent faux. Vous aurez l'impression de jouer la comédie de l'amour. Cependant, il vous faudra persévérer.

Un jour viendra où vous ressentirez vraiment tout cet amour latent que vous avez pour vous-même et là, vous sentirez quelque chose se débloquer au fond de vous. Comme si tout le potentiel d'amour que vous aviez pour vous-même avait été bloqué. Vous aurez soudain l'impression de rompre un barrage, et le flot d'amour se déversera dans tout votre être. Vous serez transformé. Cette métamorphose se transposera dans tous les aspects de votre vie.

Puisque vous vous aimerez davantage, la vie vous offrira d'autant plus de raisons de vous aimer. Vous aurez l'impression que la chance vous sourit enfin, que les gens changent d'attitude à votre égard et que vous avez de plus en plus d'idées et d'opportunité de vivre dans l'abondance et la prospérité. Vous retrouverez surtout une santé beaucoup plus vigoureuse. Louise Hay a guéri de nombreuses personnes en utilisant cette méthode du miroir.

Pour vivre une vie en bonne santé, vous devez apprendre à pardonner. La culpabilité peut être dévastatrice au niveau de la santé. Elle vous ronge et détruit l'amour de soi. Le ressentiment est également néfaste pour votre santé. Haïr quelqu'un pour le mal que vous pensez avoir subi n'affecte personne d'autre que vous-même.

Le pardon n'est pas synonyme d'acceptation. Vous n'avez pas besoin d'être d'accord ou de permettre les actions nuisibles à votre encontre. Le pardon, en fait, ressemble davantage à une forme

Exercice

Faites la liste (si possible exhaustive) de tous ceux à qui vous en voulez. Décidez consciemment que vous ne porterez plus le fardeau de leurs erreurs passées. Écrivez à côté de chaque nom : « Je te pardonne car je ne veux plus porter le poids de cette blessure. » Au fil du temps, vous aurez le cœur de plus en plus léger.

de lâcher-prise qui vous aide à vous détacher de ce qui vous a causé du tort.

Apprenez à respirer profondément. Cela vous aidera énormément à réduire votre niveau d'anxiété et à vous libérer du stress. Comme nous l'avons vu précédemment, vous avez le choix de vivre une vie sans stress. Un des meilleurs moyens de réduire son emprise est de savoir bien respirer.

Le stress, comme toutes les autres émotions, se trouve au niveau du ventre. D'ailleurs, nous le disons fréquemment : « J'ai la peur au ventre, j'ai l'estomac noué », « j'ai des nœuds dans l'estomac ». Trop de stress peut causer des problèmes de santé. Vous pouvez vous rendre aisément compte que vous êtes stressé par la barre que vous ressentez au niveau de votre abdomen. Habituez-vous à respirer profondément jusqu'au niveau du ventre et vous viendrez à bout de cette barre, vous arriverez à gérer vos émotions et vivrez une vie plus calme et en bonne santé.

Exercice

Prenez une grande inspiration et faites-la consciemment descendre jusqu'au nombril. Relâchez tous vos muscles et expirez tout l'air par votre bouche. Recommencez ainsi durant 1 minute trois fois par jour. Si vous sentez des douleurs à l'abdomen pendant que vous essayez de respirer profondément, ralentissez la fréquence. Vous devrez peut-être y aller plus lentement au début. Veillez à ne pas le faire lorsque vous êtes au volant de votre voiture car vous pourriez avoir des étourdissements causés par l'apport accru en oxygène.

Développer des relations de couple plus épanouissantes

« Les roses, les billets doux, les dîners et danses sont tous bienvenus et magnifiques. Mais quand ce faste s'estompe, le cadeau d'un véritable amour c'est avoir quelqu'un qui restera avec vous jusqu'au bout. Quelqu'un qui, lorsque le moteur de la limousine du mariage tombe en panne, voudra malgré tout partager un siège dans le bus avec vous. »

Oprah Winfrey

Grâce au pouvoir de l'intention vous pouvez développer de meilleures relations interpersonnelles. Le premier élément à surveiller est celui du contrôle de ses émotions. En effet, ne parlez pas avec précipitation lorsque vous êtes de mauvaise humeur. Vous pourriez employer des mots blessants qui ne seront pas facilement oubliés. De plus, tâchez de n'être jamais sarcastique, cela ne mènera à rien de positif.

Exercice

Dès que vous sentez monter la colère en vous ou si vous vous sentez sur le point de vous emporter, sortez. Oui, prenez l'air. Une bonne promenade d'une trentaine de minutes saura venir à bout de votre saute d'humeur. Ne parlez pas tant que vous vous sentirez sous l'emprise de vos émotions.

Pour développer de belles relations amoureuses, utilisez les visages de l'intention. Pensez à la beauté tant extérieure qu'intérieure de votre partenaire et développez votre propre beauté en prenant soin de vous, et en vous améliorant chaque jour un peu plus.

Développez une communication pacifique. Prenez l'habitude de faire régulièrement des compliments et gardez à l'esprit que vous désirez que cette relation s'épanouisse.

Une relation, c'est une entité en soi. Elle est formée par l'apport de chacun des deux partenaires. Elle se développera dépendamment de ce que vous y apportez. Comme une fleur, vous devez la garder dans la lumière et la nourrir fréquemment. Sinon, elle meurt. Chaque petit geste compte car la relation se développera par l'addition de tous ces petits gestes, même les plus anodins.

Exercice

Notez les qualités de votre partenaire. Ensuite, prenez note de vos défauts. Tâchez de travailler sur vos défauts en gardant en mémoire les qualités de l'autre. Souvent, nous faisons l'inverse et portons notre attention sur les défauts de l'autre en les comparant à nos qualités.

Utilisez le visage de l'intention de la bonté. Choisissez et décidez fermement que vous opterez pour la gentillesse avant la victoire. Dans la plupart des disputes, on oublie souvent la cause et l'on continue la bataille uniquement pour avoir le dernier mot. Respirez profondément fréquemment et arrêtez de vous emballer en emmenant l'autre dans un conflit où personne ne gagne jamais vraiment.

Exercice

Si vous devez faire remarquer ce qui vous déplaît chez l'autre, commencez par lui faire un compliment. Ensuite, démarrez toujours à la première personne du singulier : « Je me sens mal à l'aise lorsque je te vois faire ceci ou cela. » L'autre personne se sentira beaucoup moins critiquée que si vous attaquez par un « tu ne fais jamais rien qui me plaise ».

Vivez l'amour, le véritable amour. Si vous aimez l'autre vraiment, ce sont ses petits défauts qui vous feront sourire et fondre le cœur. Vous penserez : « Eh oui, il/elle n'est pas parfait(e), mais il/elle est tout de même adorable. »

Exercice

Dressez la liste des défauts de l'autre. Pour chacun d'eux, trouvez un aspect positif. Cherchez l'avantage que ce défaut pourrait avoir. Demandez à l'autre de faire pareil. Ce jeu vous aidera à ouvrir votre esprit et à comprendre l'autre. Nous avons tous développé naturellement des défauts car ils nous ont été utiles à un moment ou à un autre.

Il est facile d'aimer l'autre pour ses qualités. Il est plus difficile d'accepter ses défauts. Saviez-vous que ce qui vous dérange chez l'autre est souvent l'un de vos propres défauts inavoués ? Nous agissons souvent comme les miroirs des uns et des autres renvoyant à ceux qui nous aiment le reflet de ce qu'ils détestent en eux ou de ce qu'ils jugent avec sévérité.

En effet, une qualité ou un défaut sautera à vos yeux alors qu'il n'apparaîtra pas aux yeux de quelqu'un d'autre qui observerait la même personne. Ou alors, le défaut ne lui semblerait pas aussi important. En fait, ce que nous remarquons, c'est un détail qui nous concerne personnellement.

L'autre, dans ce cas, nous aide à développer notre compassion. L'amour de l'autre devient un amour universel dans lequel nous comprenons la divinité de chacun.

Exercice

Lorsque vous noterez un détail qui vous ennuie chez l'autre, demandez-vous pourquoi vous jugez cet élément si négativement. Qu'est-ce qui en vous est affecté ? Cela vous rappelle-t-il un geste que vous ne vous êtes pas pardonné ? Ou bien, cela vous dérange-t-il car vous portez un jugement sévère sur ce défaut ? D'une manière ou d'une autre, employez-vous à pardonner. Vous verrez que ce défaut vous apparaîtra moins visible.

Ce sur quoi nous portons notre attention prend de l'expansion. Si vous souhaitez que votre compagnon change, ne lui demandez pas de changer. Au contraire, ne prêtez plus aucune attention à ce qui vous dérange chez lui. Occupez-vous de le complimenter sur tout ce que vous aimez le plus en lui. Soyez attentif et offrez de la gratitude pour chaque action qui vous plaît.

Nous essayons tous de gagner de l'importance et de plaire à l'autre. La personne complimentée tentera de son mieux pour refaire ce qui lui a valu de l'amour et de

Exercice

Durant toute une semaine, notez tous les petits gestes de l'autre qui vous plaisent. Par exemple, tenez compte du fait qu'il a préparé le repas, qu'il a couché les enfants, qu'il vous a souri (tous ces petits gestes quotidiens qui finissent par passer inaperçus). À la fin de la semaine, invitez votre amour dans un endroit romantique et offrez-lui votre liste. Il sera ému par ce geste.

l'attention. Petit à petit, les gestes que vous appréciez seront si nombreux qu'ils ne laisseront plus de place à ceux qui vous déplaisaient.

Ne prenez rien pour acquis. En couple, on s'habitue rapidement à tous les éléments qui nous plaisent pour ne faire attention qu'à ce qui nous déplaît. Le cerveau, habitué à être utilisé pour résoudre des problèmes, s'occupe davantage à chercher la petite bête. Ramenez consciemment votre attention sur les qualités de l'autre, sur ce qui rend votre vie agréable, sur tous les petits moments de plaisirs répétés à l'infini. N'attendez pas qu'ils disparaissent.

N'assumez rien de l'autre. Avant d'interpréter ses gestes ou ses paroles, posez-lui la question. Il est préférable de toujours demander des éclaircissements plutôt que de développer des malentendus. Nous interprétons souvent les gestes des autres en les identifiant à des gestes similaires passés. Nous avons tendance à généraliser. Si un geste vous déplaît, demandez-vous si ce n'est pas plutôt le sens (qui peut être faux) que vous lui donnez qui vous dérange.

Ne prenez rien de manière personnelle. Souvenez-vous que l'autre donne uniquement son opinion. Les insultes comme les compliments proviennent de l'entendement de l'autre, de la perception et du vécu de l'autre. Cela n'a rien à voir avec vous.

Lorsque vous recevez un compliment, remerciez la personne qui vous l'a offert tout en gardant à l'esprit que son geste reflète une partie de sa personnalité et non la vôtre. Si vous recevez une insulte, envoyez des ondes positives à l'individu de qui elle provient, en sachant que ses paroles acrimonieuses représentent une blessure douloureuse en son for intérieur.

Le bonheur tous les jours

Il est possible de vivre le bonheur au quotidien. En modifiant quelques petites habitudes sur votre façon de vivre vos expériences, vous pouvez vous sentir bien quoi qu'il arrive.

Ne prenez pas tout au sérieux. La vie, même si c'est la chose la plus longue que nous connaîtrons, passe très vite et semble toujours trop courte. Chaque minute passée à vous tourmenter est une minute perdue qui ne pourra jamais être récupérée. Tâchez de sourire au quotidien et de concevoir la vie avec plus de légèreté. Comparez votre vie à celles de plus démunis. Vous constaterez rapidement la chance que vous avez. Remettez chacun de vos problèmes en perspective. Si vous vous dites que d'autres n'ont même pas de quoi manger, vous verrez que certaines de vos inquiétudes sembleront soudain insignifiantes.

Exercice

Prenez le temps de changer de perspective par rapport aux ennuis qui vous tracassent. Qu'en penserez-vous dans dix ans ? Il y a de fortes chances que vous arriviez à rire de la plupart des ennuis passés. Il est donc fort probable que ceux-ci ne vous inquiètent plus autant dans le futur. Projetez-vous vers l'avant et prenez du recul par rapport à vos problèmes.

Sachez que tout problème a déjà été résolu par quelqu'un et qu'une réponse existe si vous la cherchez. Souvent, on se heurte aux problèmes au lieu de chercher l'endroit où se trouve la solution.

Lorsqu'un problème survient, au lieu de l'analyser, prenez le temps qu'il faut pour trouver la solution. Par exemple, s'il vous manque de l'argent, ne réfléchissez pas sur le manque, mais demandez-vous où vous pouvez en trouver. Méditer sur ces questions en silence. Il y a de fortes chances pour que votre cerveau connaisse déjà la réponse.

Peu importe ce qui se passe dans votre vie, le passé ne peut plus être changé. Il peut seulement vous emprisonner dans les remords et les ressentiments, ce qui risque tout simplement de vous pousser à reproduire les mêmes événements. Les mêmes causes produisent les mêmes effets.

Faites toujours de votre mieux. Lorsque vous accomplissez des tâches nécessaires, vous augmentez votre sentiment de réussite et de bien-être, vous diminuez votre niveau de stress et vous anéantissez toute

Exercice

Chaque jour, préparez une liste de tâches à accomplir. Organisez cette liste par priorité et commencez par celle qui vous plaît le moins, mais qui semble la plus importante. Une fois celle-ci accomplie, il vous sera beaucoup plus facile d'exécuter les suivantes.

Le saviez-vous ?

Une minute planifiée sauve dix minutes d'exécution. Prenez le temps de bien planifier ce que vous désirez accomplir pour laisser le moins de place possible à l'erreur.

possibilité de vous sentir coupable de ne pas en avoir assez fait.

Faire de son mieux signifie faire tout ce qui est en notre possibilité avec les connaissances et les capacités en notre possession à ce moment-là. Vous serez plus en forme physiquement ou intellectuellement certains jours. Par conséquent, le meilleur de vous-même différera d'un jour à l'autre. Il ne s'agit pas de vous surmener. Chaque journée est différente. Vous vous transformez et évoluez avec chaque nouvelle expérience. Faites en sorte de vous sentir satisfait des tâches accomplies.

Demandez-vous fréquemment pendant la journée : « Suis-je en train de faire de mon mieux pour atteindre les objectifs que je me suis fixés ? »

Tirez une leçon de votre journée. Avant de vous coucher, prenez le temps de passer en revue les difficultés que vous avez eues à surmonter au cours de la journée. Pendant la journée, soyez attentif et ouvert aux apprentissages qui s'offrent à vous. Les ennuis quotidiens peuvent être perçus comme autant d'occasions pour s'améliorer.

Utilisez le visage de l'intention nommé expansion, en acceptant les leçons de votre quotidien. Apprenez à résoudre les problèmes en changeant votre optique : observez dans la direction des solutions. Commencez par la fin et remontez méthodologiquement vers l'origine en vous questionnant sur les moyens à employer pour les résoudre facilement. Vous vivrez plus heureux et avancerez dans la paix et l'harmonie sur le chemin que vous avez choisi.

Pour aller plus loin

Inscrivez sur une fiche trois buts que vous vous fixez pour les trois mois à venir. Le matin et le soir, relisez-la. Dans le courant de la journée, demandez-vous si ce que vous faites vous aidera à atteindre ces objectifs. Si ce n'est pas le cas, remettez en cause vos actions. Il est important de ne pas perdre son temps à s'occuper simplement pour être occupé, mais bel et bien d'agir pour se rendre à destination.

Rappelez-vous : La taille du problème est inversement proportionnelle à la nôtre. Il faut grandir pour réduire l'ampleur du problème.

Exercice

Imaginez ce qui se passe après la résolution d'un problème. Projetez-vous en visualisant la personne que vous serez une fois la solution trouvée. Qu'est-ce qui serait différent ? Comment agiriez-vous ou penseriez-vous ?

Reportez-vous à l'annexe à la fin de ce livre pour obtenir une liste des actions qui peuvent favoriser votre bien-être au quotidien et vous aider à évoluer sans stress.

Conclusion

L'amour, le pardon et la gratitude sont des forces énergétiques extrêmement puissantes. En développant ces qualités, vous serez à même d'attirer des miracles dans votre quotidien. En vous habituant au soulagement, vous baignerez dans une magie quotidienne qui ne surprendra plus que ceux qui vous observent.

Conclusion

Le pouvoir de l'intention vous aidera à vivre la magie au quotidien. En vivant en accord avec les visages de l'intention, en apprenant à vivre dans l'appréciation de chaque moment, en sachant profiter au maximum de l'instant qui passe, vous pourrez vivre heureux tous les jours.

Le bonheur ou le stress ne se trouve pas en dehors de vous, mais bien à l'intérieur et vous avez le choix de vivre l'un ou l'autre. C'est votre pouvoir. Faites-en votre intention. Choisissez consciemment de vous libérer de l'attachement que vous avez à toujours vouloir avoir raison, à désirer à tout prix aboutir à la destination que vous vous êtes fixée ou à être un « battant ».

Au lieu de vous battre, laissez-vous mener par votre cœur au fil de la vie. Apprenez à suivre votre instinct et faire ce qui vous fait réellement plaisir sans vous soucier du « qu'en dira-t-on ».

Prenez le temps de vivre car la vie passe à chaque microseconde. Elle n'existe pas dans le futur dont vous vous souciez peut-être. Ce futur n'existe pas encore. Vous avez le pouvoir, à tout moment, de créer le futur de votre choix. Préparez-vous par conséquent au meilleur pour provoquer ce meilleur dans votre vie.

Choisissez les actions qui tendent à bénéficier à la majorité impliquée. Avec le temps, vous vous apercevrez que tout ce bien que vous envoyez dans l'univers vous reviendra au centuple. Il n'y a aucune énergie perdue. Tout ce que vous envoyez en pensées, paroles et gestes reviendront comme des boomerangs. Alors autant choisir d'envoyer des ondes positives.

Apprenez à pardonner à autrui ainsi qu'à vous-même. Vous faites toujours au mieux et pour le mieux avec ce que vous avez appris. Il n'y a pas de fautes, mais seulement des leçons de vie. Apprenez de vos leçons et avancez vers le meilleur sans jamais vous retourner si ce n'est pour compter vos succès.

La force du pouvoir de l'intention est impressionnante. Il peut s'étendre dans le domaine de la santé.

J'ai déjà été témoin de nombreux miracles et vous en souhaite autant ! Je vous souhaite de vivre votre plein potentiel et de réaliser vos rêves. Tout est possible. J'aurai plaisir à recevoir de vos nouvelles à l'adresse suivante : slavicainc@gmail.com

Annexe 1

Liste d'actions quotidiennes pour améliorer vos relations de couple

- Passez plus de temps et d'énergie à vous embrasser, vous tenir enlacés et vous caresser.
- Si vous ressentez un manque d'affection, faites-le-lui savoir en lui en offrant davantage.
- Montrez de l'appréciation pour les gestes de l'autre au moins une fois par jour.
- Écoutez l'autre attentivement.
- Terminez toujours la journée de façon positive et évitez à tout prix de bouder.
- Prêtez une attention sincère aux gestes et paroles de l'autre en vous assurant de ne laisser place à aucune mauvaise interprétation ou aucun malentendu. Si vous n'êtes pas sûr de l'intention du partenaire, posez-lui des questions pour éclaircir la situation.
- Pardonnez à l'autre ses erreurs et les vôtres à la fin de chaque jour pour ne pas les transférer au jour suivant. Demandez sincèrement pardon pour vos erreurs.
- Ne laissez place à aucun ressentiment, ni vengeance ou remontrance.
- Faites l'amour au lieu de simplement avoir du sexe.
- Faites des sorties en amoureux.

- Parlez et échangez chaque jour sur ce qui vous a manqué, vos problèmes, soucis, questionnement, afin de trouver des solutions plus rapidement ou d'offrir un soulagement et du soutien à l'autre.
- Dites-vous souvent que vous vous aimez en le ressentant.
- Gardez toujours en tête les qualités de votre partenaire.
- Traitez l'autre avec respect et dignité.
- Si vous êtes en désaccord, évitez à tout prix les attaques personnelles. Prenez le temps de respirer. Aérez-vous s'il le faut. Apprenez à sortir gagnant-gagnant.
- Prenez le temps, chaque jour, de parler ouvertement de vos opinions divergentes en gardant à l'esprit que ce sont des opinions et non des vérités.
- Montrez de l'empathie.
- Décidez d'être gentil avant d'avoir raison.
- Demandez sans commander.
- Équilibrez les « je » avec des « nous ».
- Évitez l'agressivité à tout prix.
- Admettez vos erreurs et demandez pardon.
- Évitez les chantages, les accusations et les plaintes.
- Soyez toujours unis devant les autres.
- Ne parlez jamais dans le dos de votre partenaire.
- Utilisez l'humour pour réduire le stress.
- Planifiez votre futur ensemble.
- Acceptez les changements et l'évolution de l'autre.
- Restez vous-même et acceptez les imperfections
- de l'autre.

- ↗ Ne laissez pas vos proches interférer dans votre relation.
- ↗ Offrez à l'autre de la place pour son épanouissement.
- ↗ Commencez chaque jour comme une nouvelle journée.
- ↗ Prenez du temps pour vous et faites-vous plaisir.
- ↗ Rappelez-vous qu'en amour, on ne possède rien ni personne.
- ↗ Riez et souriez aussi souvent que possible.
- ↗ Méditez ensemble aussi souvent que possible.

Annexe 2

Liste d'actions permettant de vivre des moments de bonheur au quotidien

- Planifiez votre journée la veille.
- Levez-vous tôt.
- Rappelez-vous que chaque jour est un nouveau commencement.
- Restez sous les draps quelques minutes le matin afin de visualiser une journée parfaite. Passez en revue tout ce que vous aviez prévu de faire et imaginez que tout se passe à merveille.
- Ressentez de la gratitude pour tout ce que vous avez déjà.
- Souriez-vous dans le miroir.
- Lisez des affirmations positives pour vous motiver et écoutez de la musique inspirante le matin.
- Méditez et faites de l'exercice.
- Prenez quelques poses dans la journée pour respirer profondément.
- Marchez et étirez-vous fréquemment. Prenez du temps pour vous.
- Chaque journée est un cadeau.
- Vivez chaque jour dans le présent.

- Concentrez-vous sur ce que vous faites et faites au mieux.
- Offrez des compliments aux passants.
- Dites à quelqu'un que vous l'aimez et l'appréciez.
- Remerciez tout le monde sincèrement, même le caissier au supermarché.
- Appelez les gens par leur nom, même la serveuse au restaurant.
- Évitez toutes les conversations négatives.
- Passez du temps de qualité en famille.
- Appelez vos amis et offrez-leur votre écoute totale.
- Lisez une biographie inspirante ou un livre qui vous permettra de vous améliorer sur le plan professionnel ou personnel.
- Évitez les nouvelles télévisées.
- Regardez un film drôle.
- Planifiez la journée à venir.
- Lisez des affirmations positives avant de vous coucher.
- Rêvez consciemment d'un avenir heureux que vous souhaitez pour vous et vos proches.
- Avant de vous endormir, pensez à toutes les belles circonstances entourant la journée passée. Pensez à tout ce que vous avez oublié et n'avez pas demandé. Pardonnez-vous.
- Ressentez de la gratitude.
- Profitez d'une longue nuit de sommeil.

Annexe 3

Des petits gestes pour augmenter l'amour de soi

- Gardez les promesses que vous faites à vous et aux autres.
- Créez un cahier de tous vos succès.
- Établissez des buts simples et atteignables afin d'en réaliser de plus importants.
- Soyez ouvert aux compliments et offrez-en.
- Aidez quelqu'un.
- Apprenez à dire « non ».
- Soyez honnête et responsable.
- Traitez-vous comme votre meilleur ami.
- Prenez soin de votre corps.
- Passez du temps dans le silence.
- Développez vos connaissances sur le monde qui vous entoure.
- Écoutez davantage et parlez moins.
- Respirez profondément souvent.
- Admirez-vous plus souvent dans le miroir.
- Soyez ordonné et propre en votre demeure.
- Reposez-vous souvent.

Annexe 4

Quelques manières de vivre sans stress

- Mettez tout ce qui vous arrive en perspective.
- Pratiquez le détachement et le lâcher-prise.
- Utilisez le silence et la méditation.
- Souvenez-vous que vous êtes toujours libre de la manière dont vous réagissez aux circonstances de votre vie. Vous contrôlez votre vie, ne laissez pas l'extérieur le faire. Si vous vous mettez en colère, vous donnez du pouvoir à ce qui vous a mis en colère. En réussissant à garder votre calme, vous regagnez votre pouvoir et votre liberté. La liberté de choisir comment vous désirez réagir, d'une manière qui ne vous stresse pas.
- Levez-vous plus tôt le matin pour ne pas vous presser.
- Planifiez votre journée en détail.
- Pensez en termes de solutions et non de problèmes. Soyez proactif. N'attendez pas qu'un problème grandisse avant de le résoudre. Ne les fuyez pas, cherchez plutôt à les résoudre rapidement. Si votre problème vous semble gigantesque, alors divisez-le en petites tâches que vous pouvez entreprendre pour le résoudre.
- Agissez sur vos peurs au lieu de les laisser vous paralyser. Au moins, pendant que vous agissez, vous n'avez pas le temps d'être stressé.

- Souriez (même de force). On peut être stressé et sourire en même temps.
- Soyez mieux organisé.
- Rangez votre bureau et votre maison. Débarrassez-vous du surplus encombrant que vous n'utiliserez pas.
- Employez-vous à l'essentiel et ne perdez pas de temps avec les détails futiles.
- Vivez dans le moment présent. Ne paniquez pas à propos d'un futur inexistant. Ne vous lamentez pas sur le passé.
- Prenez du temps pour vous. Aimez-vous et offrez-vous des petits plaisirs quotidiens.
- Mangez bien. Arrêtez le sel, le sucre, les mauvaises graisses, la caféine ou l'alcool.
- Faites de l'exercice. Faites une marche après le repas, allez dans la nature.
- Développez votre gratitude.
- Pardonnez aux autres comme à vous-même.
- Apprenez à dire non.
- Organisez vos priorités dans tous les domaines de votre vie.
- Prenez du temps de repos.
- Changez les phrases comportant « je dois » par « je veux ».
- Prenez l'habitude de rire et développez votre humour.
- Commencez chaque jour d'un bon pied et décidez que la journée se présente sous d'heureux auspices.

Bibliographie

Le Petit Cahier d'exercices de la loi de l'attraction, Slavica Bogdanov, Éditions Jouvence, 2013

La Loi de l'attraction : Mode d'emploi, Slavica Bogdanov, Éditions Jouvence, 2013

The Art of Instant Happiness, Slavica Bogdanov, Éditions Createspace, 2012

Conversations avec les anges, Slavica Bogdanov, Éditions Createspace, 2012

La Loi de l'attraction, Esther Hicks, Éditions Guy Trédaniel, 2008

Le Vortex, la loi de l'attraction pour améliorer vos relations, Esther Hicks, Éditions Guy Trédaniel, 2010

Le Pouvoir de l'intention, Dr Wayne Dyer, J'ai lu, 2006

La Force du silence : Nouvelles leçons de Don Juan, Carlos Castaneda, Folio, 1999

Le Feu du dedans, Carlos Castaneda, Folio, 1998

Petit Cahier d'exercices de méditation au quotidien, Marc de Smedt, Éditions Jouvence, 2010

Le Grand Oui à la vie ! Pierre Pradervand, Éditions Jouvence, 2009

Un cours en miracle, Helen Schuman, William Thetford, Éditions Octave, 2010

À propos de l'auteur

Née à Belgrade et élevée à Paris, **Slavica Bogdanov** a déménagé ensuite au Canada, où elle a obtenu un master en histoire des communications à l'université de Montréal. Auteur, formatrice et coach de vie, elle fonde son approche sur trois piliers fondamentaux : se fixer des objectifs, optimiser son temps, avoir une bonne estime de soi. Elle donne de nombreuses conférences sur la façon dont on peut vivre sa vie pleinement et en prendre le contrôle. Elle est notamment l'auteur du *Petit Cahier d'exercices pour pratiquer la loi de l'attraction*, paru aux Éditions Jouvence. N'hésitez pas à consulter également son site *http://www.attractitude.com* et contacter directement l'auteur à l'adresse mail suivante :
slavicainc@gmail.com.

Du même auteur :

Loi de l'attraction : mode d' emploi

Vers le bonheur, le succès et la réussite

Slavica Bogdanov

Un livre grand public qui présente en langage profane les grands principes la Loi d'Attraction afin de fournir au lecteur des pistes d'action lui permettant d'opérer les changements nécessaires dans sa vie. La Loi d'Attraction a été popularisée par le film et le livre *Le secret* de Rhonda Byrne.

128 pages • 7,70 euros

Dans la même collection :

Sortir de l'anxiété

Mode d'emploi

Xavier Cornette de Saint Cyr & Mona Poisson

Si ce livre vous propose de clarifier et comprendre l'anxiété, son but est avant tout pragmatique : vous faire connaître de nombreuses solutions concrètes et faciles à mettre en place ainsi que des exercices pour ressentir rapidement un mieux-être et retrouver le plaisir des choses.

192 pages • 7,70 euros

Arrêter de tout contrôler

Les joies de l'inattendu et de l'imprévu

Odile Chabrillac

Ce petit livre, qu'il est urgent de lire pour bon nombre de nos concitoyens, vous aidera sans doute à relativiser et à prendre un peu plus la vie comme elle vient. A déguster l'imprévu, à accepter de faire avec ce qui vient, même si ce n'est pas exactement comme vous l'aviez programmé !

160 pages • 7,70 euros

Crédits photo

Cliquez bien-être !
www.editions-jouvence.com
Des auteurs
Experts
naturopathie
nouvelle parentalité
500 ouvrages de référence
CNV
psychologie positive
ho'oponopono
Des coups de coeur
à lire absolument
Plus de 75 nouveautés
chaque année
Des livres à prix doux
Feuilletez le catalogue en ligne !
⇨ Des newsletters
⇨ Des bons plans
⇨ Des surprises pour vous
info@editions-jouvence.com
© pace et © Beboy

Dépôt légal : octobre 2014
IMPRIMÉ EN FRANCE

Achevé d'imprimer le 23 septembre 2014
sur les presses de l'imprimerie « La Source d'Or »
63039 Clermont-Ferrand
Imprimeur n° 17379

PEFC/10-31-2008

*Dans le cadre de sa politique de développement durable,
La Source d'Or a été référencée IMPRIM'VERT®
par son organisme consulaire de tutelle.
Cette marque a été attribuée
à l'issue d'un programme d'investissements
et d'un audit garantissant la totale récupération des déchets
à des fins de recyclage.
Cet ouvrage est imprimé - pour l'intérieur -
sur papier offset standard 110 g
provenant de la gestion durable des forêts,
des papeteries Arctic Paper, dont les usines ont obtenu
les certifications environnementales ISO 14001 et E.M.A.S.*